"कहानी-संग्रह"

51 मोटिवेशनल कहानियों का अनमोल संग्रह

देश के अनगिनत शहीद जवानों एवं परिवार को सादर समर्पित

रविशंकर पाण्डेय

प्रकाशक : ट्रू साइन पब्लिशिंग हाउस

पता : 21, द्वितीय तल, कुन्दन नगर, बागमुगलिया,

भोपाल, मध्य प्रदेश - 462026 भारत

ईमेल : truesignbooks@gmail.com

वेबसाइट : www.truesign.in

"कहानी-संग्रह"

51 मोटिवेशनल कहानियों का अनमोल संग्रह

लेखक: रविशंकर पाण्डेय

ISBN: 978-93-6253-107-0

संस्करण: 2024

अनुक्रमणिका

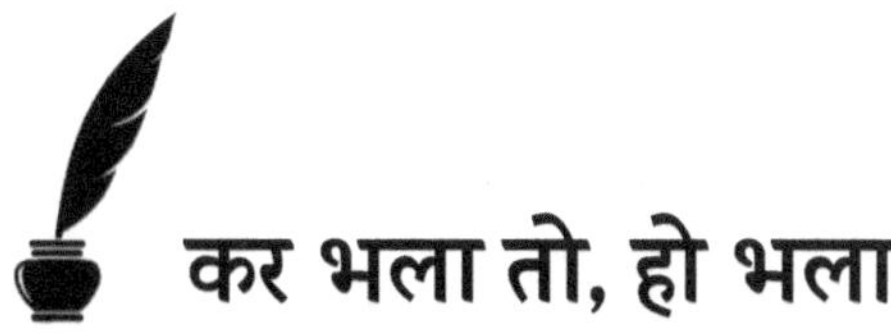

कर भला तो, हो भला

वर्ष 2019 का दौर था, "कोरोना काल" के कारण संपूर्ण भारत में अधिकांश ट्रेन एवं बसें वगैरह बंद थीं। आपातकाल में आंशिक ट्रेनें एवं बसें ही चल रही थीं। उघोग धंधे से लेकर कंपनियों पर भी संकट आ गया था। जगह-जगह कर्मचारियों की बड़े पैमाने में छटनी हो रही थी। आम मजदूर से लेकर कुशल कारीगरों पर रोजी-रोटी का खतरा मंडरा रहा था। अप्रवासी उत्तर भारतीय मजदूर महाराष्ट्र, गुजरात एवं दक्षिणी राज्यों से साइकिल से तो कोई पैदल ही, अपने-अपने परिवारों को साथ लिए उत्तर-प्रदेश एवं बिहार के लिए रवाना हो चले थे। कई मजदूरों को रास्ते में खाने-पीने से लेकर हर तरह की समस्यायें आ रही थीं, किन्तु सारी बाधाओं को पार कर, वह अपने गृहनगर पहुँचने में आखिर कामयाब हो रहे थे। समय, कई दिन और कई सप्ताह तक का लग रहा था, किन्तु उन्हें कामयाबी मिल रही थी। जगह-जगह बेरोजगारी का आलम था। कंपनियों से लेकर शॉप मालिकों ने कर्मचारी एवं मजदूरों की जबरदस्त छटनी कर दी थी।

ऐसा ही एक किस्सा मॉल का है। मॉल में चार कर्मचारी, जिसमें दो नवयुवक एवं दो नवयुवतियाँ कार्यरत थे। सभी अलग-अलग समाज से थे, किन्तु सब में अच्छी तरह मैत्री थी! सबका एक-दूसरे से मिलनसार व्यवहार था। वे एक-दूसरे के कार्य में, सुख-दु:ख में सहयोग करते थे और अपने कार्य के प्रति वफादार थे। मॉल का मालिक बड़ा दयालु था, किंतु मॉल कम चल रहा था। मालिक अपने चारों कर्मियों को बारह-बारह हजार रुपये प्रतिमाह का भुगतान करता था, परंतु मॉल नहीं चलने के कारण उसने एक कर्मचारी की छँटनी का निर्णय ले लिया था। यह बात कर्मचारियों को भी पता थी। वह चारों कर्मी अपने जॉब के प्रति चिंतित थे कि मालिक किस कर्मचारी की छँटनी करेगा। उन सबके लिये जॉब जरुरी था, क्योंकि सभी सामान्य परिवार से थे।

तय दिन के अनुसार मालिक ने चारों को अपने पास बुलाया और कहा- "आज एक कर्मचारी को मॉल से कम कर रहा हूँ।"

सब लोग अपने-अपने कार्य के प्रति मालिक को जानकारी दे रहे थे- मैं यह कार्य करता हूँ। मैं वह कार्य करता हूँ। मैं समय से आता हूँ। मैं मॉल की साफ-सफाई का विशेष ध्यान रखता हूँ, वगैरह-वगैरह।

मालिक सबकी बात बड़े ध्यान से सुन रहे थे, किन्तु एक कर्मचारी खामोश एवं गंभीर था। मालिक ने उससे पूछा- हाँ रमेश, तुम्हें कुछ कहना या सुझाव देना है तो बताओ।

रमेश ने कहा- "अंकल, मैं जानता हूँ। आप एक कर्मचारी की कटौती करके, एक कर्मचारी का वेतन बचाना चाहते हैं। हम समझ रहे हैं कि हमारा शॉपिंग मॉल कम चल रहा है। ग्राहक कम हो गये हैं। काम कम हो गया है। हमारे घर की स्थिति आपसे छुपी नहीं है, हमारे लिए जॉब बहुत मायने रखती है। मेरा निवेदन है कि आप किसी भी कर्मचारी की कटौती न करें। यदि आपको एक व्यक्ति कि सैलरी बचानी ही है तो आप हमें बारह हजार रुपये की जगह नौ-नौ हजार दे दें। ऐसे में आपके प्रतिमाह बारह हजार रु. भी बच जाएंगे और हमारी जॉब भी नहीं छुटेगी। हम और हमारा परिवार आपको दुआएं भी देगा और इसमें हम सभी का फायदा रहेगा। आज समय खराब है, कल समय अच्छा आयेगा; यह मेरा विश्वास एवं भगवान से प्रार्थना है।"

मालिक को रमेश का सुझाव बहुत पसंद आया। उसने रमेश की पीठ थप-थपाई और बहुत खुश हुआ। उसने अपने कर्मचारियों से कहा- "इसी माह से आपका वेतन नौ-नौ हजार रु. किया जाता है। मैं किसी को जॉब से नहीं निकाल रहा। जब मॉल पूर्वानुसार अच्छा चलने लगेगा, तो मैं आपका वेतन फिर से बारह-बारह हजार रु. कर दूँगा। अब जाओ अपने-अपने कार्य में लग जाओ।" सभी के चेहरे पर खुशी की लहर दौड़ने लगी।

समय का पहिया घुमता गया, दु:ख के बादल छँट गये। धीरे-धीरे कोरोनाकाल समाप्त हो गया। मॉल पुन: तेजी से चलने लगा, फिर से जनजीवन सामान्य हो गया। बसें और ट्रेनें पुन: पूर्वानुसार चलने लगीं, सभी जगह चहल-पहल शुरु हो गयी। एक बुरा दौर था, जो समाप्त हो गया। जन-जीवन सामान्य हो गया था। मालिक ने अपने वादे के अनुसार, पुन: अपने कर्मचारियों का वेतन बारह-बारह हजार रु. प्रति माह कर दिया। सभी कर्मचारी बहुत खुश हुए।

पाठः हमेशा सबका भला सोचो, भला का उल्टा लाभ होता है। ईश्वर आपका भी लाभ करता है।

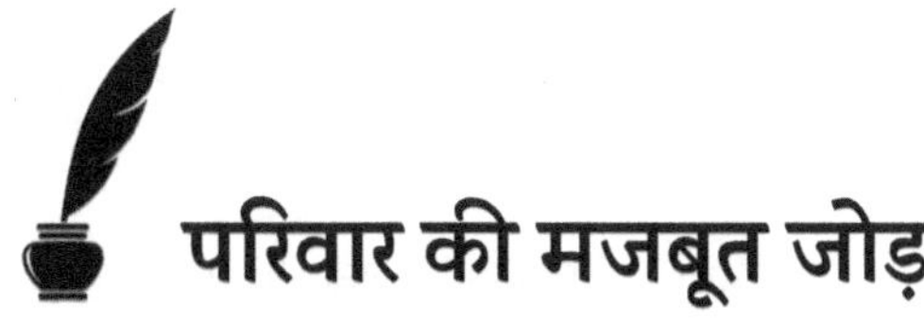

परिवार की मजबूत जोड़

भोपाल शहर में एक परिवार पति-पत्नी और उनकी सात साल की बिटिया के साथ रह रहे थे। छोटा परिवार, सुखी परिवार; हंसी-खुशी से उनकी दिनचर्या चल रही थी। पति का नाम रोमेश था, जो अगरबत्ती की कंपनी का मालिक था। पत्नी का नाम नीलिमा था, वह एक अच्छी गृहिणी थी एवं उनकी सुंदर बिटिया का नाम आकांक्षा था। पति-पत्नी एक दूसरे को बहुत चाहते थे। एक दूसरे की भावनाओं का आदर करते थे। एक-दूसरे का सम्मान करते थे। इसके साथ-साथ वह उनकी बेटी आकांक्षा से भी बहुत प्यार करते थे। वह उनकी जान थी।

इस प्रकार अच्छी दिनचर्या के साथ उनका समय बहुत अच्छा चल रहा था। न जाने उस परिवार को किसकी बुरी नजर लग गई। रोमेश की कंपनी में अचानक आग लग गयी। सारे कच्चे माल के साथ ही ऑर्डर का माल जो तैयार हुआ था, वह भी जल कर राख हो गया।

अचानक आयी मुसीबत से रोमेश बहुत दु:खी हो गया। कंपनी बंद, वर्कर बेरोजगार घर की माली हालत खराब हो गयी। रोमेश ने, अपने परिवार व रिश्तेदारों से सहयोग माँगा! परंतु वह कहावत है न कि मुसीबत में अपना अपने को नहीं पहचानता, सबने सहयोग हेतू मना कर दिया। लोन हेतू बैंकों के चक्कर लगाए, लेकिन वहाँ पर भी निराशा ही हाथ लगी। कहते हैं न कि मुसीबत में परछाई भी आदमी का साथ छोड़ देती है।

वह इस स्थिति से उबरने के लिए रातों-दिन प्रयास कर रहा था, किन्तु कहीं से कोई उम्मीद की किरण नजर नहीं आ रही थी। उसे रह-रहकर एक बात याद आ रही थी, मैंने कभी किसी का बुरा नहीं किया। हमेशा सभी का सहयोग करता रहा! और आज अचानक मेरे बुरे समय

पर मुझसे सभी ने मुँह फेर लिया। कोई सहयोग करने को तैयार नहीं। शायद, ईश्वर को अभी और परीक्षा लेनी है।

एक दिन जगह-जगह घुमने के बाद भी, उसे मदद की कहीं से कोई भी गुजांइश नजर नहीं आ रही थी। शाम को निराशा के साथ घर लौट आया। बेटी आकांक्षा ने माँ से कहा- "पापा आ गये, पापा आ गये।"

रोमेश उदास होकर सोफे पर बैठा था। पत्नि ने पानी का ग्लास दिया। थोड़ी देर बाद पत्नी ने कहा- "कुछ व्यवस्था हो गयी क्या ?"

रोमेश ने दु:खी स्वर में कहा- "नहीं नीलिमा, मैं कोशिश कर रहा हूँ।"

नीलिमा को अपने पति की दयनीय हालत देखकर बहुत दु:ख हो रहा था। उसने अपने आपको संभाला और अलमारी से गहने की पोटली लाकर अपने पति के हाथों में रख दी। और बोली- "लो, इसे बेचकर तुम फिर से अपना कारोबार शुरु करो। हिम्मत मत हारो, मैं हर मुसीबत में तुम्हारे साथ खड़ी हूँ। ईश्वर हमारी मदद जरुर करेंगे।"

रोमेश ने कहा- "मैं, ये गहने नहीं बेचूगा। यह तुम्हारी अमानत है।"

नीलिमा ने पुन: समझाया, "ये गहने मेरे लिए कुछ नहीं हैं। मेरा सच्चा गहना 'तुम' हो।" पत्नि के समझाने पर रोमेश मान गया एवं गहने रख लिए। बेटी आकांक्षा, अपना गुल्लक लेकर आयी और बोली- "पापा, आप मेरा गुल्लक रख लो। इसमें भी बहुत पैसे हैं जो आपके काम आएंगे।"

दोनों प्राणी, अपनी बेटी की त्याग भावना देखकर बहुत खुश हुए। उन्होंने बिटिया को अपने सीने से लगा लिया। रोमेश ने कहा- "बेटा, यह गुल्लक तुम रख लो। अभी तुम्हारी मम्मी ने जो गहने दिये हैं, उससे काम चल जाएगा।"

रोमेश ने, सुबह गहने की पोटली ली और सराफा बाजार गया। सराफा शॉप में उसे गहने की अच्छी कीमत मिली। वह पुन: नये जोश के साथ अपनी कंपनी के कार्य में जुट गया। धीरे-धीरे कंपनी तरक्की की ओर बढ़ रही थी, किंतु पूर्ण रुप से परेशानी अभी खत्म नहीं हुयी थी।

इधर आकांक्षा स्कूल गयी। उसकी मम्मी ने टिफिन में कुछ बिस्किट और नमकीन रख दी। बच्चों की मध्यान्ह छुट्टी हुई। कुछ लडकियों ने आकांक्षा से किनारा कर लिया। उन्होंने उसे ताना मारा, "अरे! इसके पापा की कंपनी में आग लग गयी है। यह टिफिन में क्या लायेगी ? इसके साथ नास्ता नहीं करना।"

किन्तु एक सहेली आशी, आकांक्षा के साथ रही। उसने उसे हिम्मत दी, "अरे! उन्हें जाने दो, हम दोनों मिलकर नास्ता करेंगे। और हाँ, एक न एक दिन ईश्वर तुम्हारे पापा की सारी मुसीबत दूर कर देगा। उदास मत हो तू।"

आकांक्षा ने, अपने आपको संभाला। दोनों ने साथ नास्ता किया। यहाँ समय का चक्र चल रहा था। रोमेश की मेहनत रंग लायी। कम्पनी की दिन दुगनी, रात चौगुनी तरक्की होने लगी। धीरे-धीरे पूर्व के अनुसार सब ठीक हो गया। उसने पत्नी के सारे गहने नये खरीद लिए। घर में जरुरत का सभी सामान और कार ले ली। बीमा क्लेम द्वारा भी राशि का भुगतान हो गया। ईश्वर ने सुन ली, सब ठीक हो गया। उन्होंने ईश्वर की प्रार्थना की एवं आभार व्यक्त किया। उनके जीवन में फिर से खुशहाली आ गयी।

पाठः सच और इमान के रास्ते में संघर्ष करना पड़ता है, आखिर जीत सच की ही होती है।

मेहनत ही सफलता की कुँजी है !

एक जंगल में लकड़ी की फैक्ट्री थी। वहाँ बहुत से कर्मचारी कार्यरत थे। कोई लकड़ी इकट्ठा कर रहा था। कोई पेड़ काट रहता था। कोई पौधों को पानी दे रहा था। सब कोई अपना-अपना काम कर रहे थे। प्रतिदिन कर्मचारी पेड़ काटते थे। हर कर्मचारी प्रतिदिन पाँच-पाँच पेड़, आठ घंटे में काटते थे। यह सिलसिला यूँ ही चल रहा था।

एक दिन नया वर्कर फैक्ट्री में कार्य करने आया। रोज की तरह सभी कर्मचारी समय पर आ गए। पुराने कर्मचारियों का चाय पीने के बाद, पहले तो चर्चा का दौर चलता। किसी कि आलोचना, किसी निंदा फिर उसके बाद अपने कार्य में लग जाते थे।

नये वर्कर का नाम आलोक था। आलोक अपने कार्य में पूरी तरह निपुण था। वह किसी से ज्यादा बात नहीं करता था। पहले भगवान, फिर गुरु को प्रणाम करता और तब कुल्हाड़ी में घंटों कई बार टोंक लगाता। तत्पश्चात अपने कार्य में लग जाता। वह प्रतिदिन दस पेड़ काटता था। पुराने वर्कर से ज्यादा टारगेट देता था। यह सिलसिला कई दिन, हफ्ते, महीने चला; मालिक उसके काम से बहुत प्रभावित हुआ। उसकी कार्य कुशलता देखकर मालिक ने आलोक का प्रमोशन कर दिया।

यह बात पुराने वर्करों को पता चली तो वे मालिक के पास शिकायत करने गये। हम पुराने वर्कर हैं, सात-सात वर्ष से कार्य कर रहे हैं। हमारा प्रमोशन आपने नहीं किया और नये वर्कर का आपने प्रमोशन कर दिया। यह हमारे साथ अन्याय है।

मालिक ने पुराने वर्करों को समझाते हुए कहा, "आलोक नया वर्कर जरुर है, पर वो आपसे ज्यादा टारगेट देता है। आप पुराने वर्कर होकर केवल पाँच ही पेड़ काटते हो जबकि आलोक

नया वर्कर होकर प्रतिदिन दस पेड़ काटता है। उसने कभी भी किसी वर्कर की बुराई या शिकायत नहीं की। उसका फोकस केवल कार्य पर रहता है। तुम्हारे पास भी आठ घंटे और उसके पास भी आठ घंटे का ही वक्त रहता है। उतने ही समय में तुम लोग कम पेड़ काटते हो और वह ज्यादा पेड़ काटता है। आप इससे कुछ सबक सीख लो, तुम्हारे काम आयेगा।"

पुराने वर्करों को अपनी गलती का एहसास हुआ और वे भी अपने कार्य पर फोकस करने लगे।

पाठः अपने कार्य पर फोकस करो। कार्य में कठिनाई आती है। अपने सीनियर से सिखों, जरूरत पड़े तो प्रशिक्षण का सहारा लो। अपना काम कड़ी मेहनत, लगन और ईमानदारी से करो, आप अवश्य 'सफल' होंगे।

 निंदा से बड़ा पाप

एक राज्य में सुदर्शन नाम का बहुत धार्मिक, दयालु एवं जनता का विशेष ध्यान रखने वाला राजा रहता था। वह कभी-कभी नगर में भेष बदलकर जाया करता था। ताकि वह जान पाए कि लोगों के बीच क्या चल रहा है और उन्हें क्या तकलीफ है। राजा, इन सब चीजों की जाँच करके उस पर उचित कार्यवाही करता था।

प्रजा अपने राजा से बहुत खुश थी। राजा की कीर्ति बहुत दूर-दूर तक के नगरों में फैली थी। राजा सुदर्शन प्रतिवर्ष नववर्ष के उपलक्ष्य में नगर भोज करवाकर, विशेष रूप से गरीब लोगों को दान देकर विदा करता था। यह क्रम प्रतिवर्ष चलता रहा।

एक बार नगर में ईश्वर की ऐसी कृपा रही कि फसल अच्छी रही और उघोग-धंधों में भी बढ़ोत्तरी हो गयी। राजा ने नववर्ष के उपलक्ष्य में नगर में भोज का भव्य आयोजन किया। ब्राम्हणों के लिए भोजन में 'खीर' एवं अन्य लोगों के लिए 'हलवा' का प्रबंध था। सभी कार्य खुले में हो रहे थे। सभी लोग अपने-अपने कार्य में व्यस्त थे। एक बाज साँप को अपने मुँह में दबाकर उड़ रहा था। साँप, बाज के मुँह से छुटकर खीर की कढ़ाई में गिर गया। साँप कढ़ाई में ही डूब गया था, जिससे उसका सारा विष खीर में समा गया।

यहाँ भोजन ग्रहण करने हेतु ब्राह्मण वर्ग और आमवर्ग उपस्थित हो गये। दो जगह पंडाल लगे थे। एक जगह ब्राह्मण वर्ग हेतु खीर और पूड़ी-सब्जी परोसी जा रही थी। दूसरी ओर आम वर्ग हेतु हलवा, और पूड़ी-सब्जी परोसी जा रही थी। सब लोग स्वादिष्ट भोजन पाकर आनंदित हो रहे थे। ब्राह्मण वर्ग रुचि से खीर बार-बार ग्रहण कर रहे थे।

कुछ समय पश्चात वहाँ का नजारा ही बदल गया! खुशी का महौल गम में बदल गया! ब्राह्मण वर्ग में कोई चक्कर खाकर गिर रहा था, तो किसी को उलटी हो रही थी। राजा सुदर्शन

और उनका महामंत्री यह नजारा देखकर दंग रह गये। शीघ्र-अतिशीघ्र वैद्यों की टीम को बुलाकर ब्राह्मण वर्ग का उपचार कराया गया, किंतु होनी को कुछ ओर ही मंजूर था। एक और ब्राह्मण काल के गाल में समा गये। सब ओर त्राही माम-त्राही माम मच गया।

आम वर्ग के पंडाल में सब सामान्य था। कहीं कोई अनहोनी नहीं हुयी थी। ब्राह्मण के पंडाल में जाँच के दौरान पता चला कि एक सौ ब्राम्हणों की मृत्यु हो चुकी है। राजा का मन दुःख और ग्लानि से भर गया। उसने अपने महामंत्री को सम्पूर्ण राज्य का कार्यभार सौंप दिया। और शीघ्र ही राजपाठ छोड़कर प्रायश्चित करने हेतु जंगल की ओर प्रस्थान कर गया। वह एक आम आदमी के भेष में था। चलते-चलते वह एक कस्बे में जा पहुँचा था। यहाँ उसे शाम हो चुकी थी।

कस्बे में चौपाल लगी थी, बहुत सारे लोग आपस में चर्चा कर रहे थे। इस बीच राजा सुदर्शन जो आम आदमी के रुप में था। उसने गाँव के एक वृद्ध आदमी से पूछा- "यहाँ पूजा-पाठ एवं सात्विक परिवार का मकान बताएं, मुझे उनके यहाँ जाना है।"

वृद्ध आदमी ने इशारे से बताया- "आगे चले जाएँ। एक मकान में केसरिया झंडा लहरा रहा होगा, वहाँ एक भाई-बहन रहते हैं। वह नियमित पूजा-पाठ करते हैं और सात्विक हैं।"

वृद्ध आदमी के कहे अनुसार, राजा उस जगह चला गया। उस मकान में उन्हें भाई-बहन मिले। उनसे राजा ने निवेदन किया, "मैं एक मुसाफिर हूँ। मुझे दूर किसी अन्य जगह जाना है। क्या, मैं एक रात आपके यहाँ ठहर सकता हूँ? आप मुझे आश्रय देंगे तो बड़ी मेहरबानी होगी।"

भाई-बहन बड़े दयालु थे। उन्होंने अपनी सहमति दे दी। और राजा के भोजन की व्यवस्था कर एक कमरे में, आराम की व्यवस्था करा दी।

सुबह भाई ने बहन को देखा वह सो रही थी। समय काफी हो चुका था, उसने बहन को उठाया। तब तक अतिथि भी उठ चुका था। उसने बहन से सुबह देर से उठने का कारण पूछा, तो बहन ने कहा- "मुझे रात में सपना आया था कि हमारे महाराज के यहाँ नगरभोज था। उसमें एक सौ ब्राह्मण भोजन के उपरान्त काल के गाल में समा गये। इसलिए हमारे परोपकारी, दयालु राजा आत्मग्लानि से दुःखी होकर, अपना सम्पूर्ण राजपाठ छोड़ जंगल की ओर प्रस्थान कर गये। यमराज कोई निर्णय नहीं ले पा रहे हैं कि आखिर सौ ब्राह्मण के मृत्यु का दोषी कौन है? यह महापाप किसके हिस्से में आ रहा है? इसका निर्णय वो कल करने वाले हैं कि इस पाप का वास्तविक दोषी कौन होगा?"

यह सारी बात सुनकर राजा की जिज्ञासा बढ़ गयी। वह भी जानना चाहता था कि यह पाप किसके हिस्से है? उसने भाई-बहन से निवेदन किया, "मैं आपके यहाँ एक दिन और रुकना चाहता हूँ। मेरी तबियत कुछ ठीक नहीं है। कल सुबह, मैं अपने स्थान को प्रस्थान करूँगा। भाई-बहन ने सहमति जता दी।

दूसरे दिन बहन सुबह उठी। उसका भाई और राहगीर भी उठ गए। राहगीर को बड़ी उत्सुकता थी कि क्या निर्णय हुआ होगा। उसने बहन से पूछा, "बेटी, यमराज ने क्या निर्णय लिया?"

उसने कहा, "सारा दोष कस्बे में बैठे लोगों पर चला गया है। वे चौपाल पर बैठकर दो दिन से परोपकारी राजा की निंदा और आलोचना कर रहे हैं। सारा पाप उनमें आपस में बंट गया। राजा पर कोई भी पाप का दोष नहीं है।"

राजा बिटिया की बात सुनकर दंग और आश्चर्यचकित हो गया। किंतु उसका मन आत्मग्लानि से दु:खी था। राजा ने भाई-बहन से आज्ञा लेकर जंगल की ओर प्रस्थान किया, क्योंकि उन्हें प्रायश्चित करना था।

पाठः कभी किसी की निंदा या आलोचना, उसके पीठ पीछे नहीं करनी चाहिए।

जीत आपकी

एक समय की बात है, मेंढकों की एक प्रतियोगिता आयोजित हुई। प्रतियोगिता का उद्देश्य था कि जो मेंढक सबसे पहले पहाड़ पर चढ़ेगा, उसे "विजेता" घोषित किया जाएगा। प्रतियोगिता शुरू हुई, अधिकांश मेंढक हताश होकर हार मानकर बैठ गए। कुछ मेंढक अब भी प्रयास कर रहे थे, लेकिन पहाड़ काफी ऊँचा था और उनकी हिम्मत ने भी साथ छोड़ दिया था।

केवल एक मेंढक निरंतर प्रयास करता रहा। सभी मेंढक एक साथ बोल रहे थे, "असंभव, असंभव! (इम्पॉसिबल, इम्पॉसिबल) कोई पहाड़ पर चढ़ ही नहीं सकता।" वे बार-बार जोर-जोर से यही कह रहे थे, "असंभव, असंभव!" लेकिन वह मेंढक निरंतर प्रयास करता रहा और उसने समझा कि उसके साथी उसका उत्साह बढ़ा रहे हैं। वह पूरी शिद्दत से पुन: प्रयास करता रहा। आखिरकार उसका प्रयास सफल हुआ और वह पहाड़ के "शिखर" पर चढ़ गया। उसे प्रतियोगिता का "विजेता" घोषित किया गया।

उसके "विजेता" बनने के पीछे एक रहस्य था। उसके मेंढक साथी बार-बार नकारात्मक बातें बोलकर उसका मनोबल गिराने का प्रयास कर रहे थे। किन्तु उसने इन बातों को नकारात्मक तरीके से नहीं लिया। उसने सोचा कि उसके साथी उसका उत्साह बढ़ा रहे हैं ताकि वह विजेता बन सके। दरअसल, वह विजेता मेंढक बहरा था। उसने नकारात्मक बातों को सकारात्मक रूप में लिया और अपने प्रयासों में कोई कमी नहीं रखी। उसकी मेहनत और दृढ़ संकल्प ने उसे विजयश्री दिलाई।

पाठ: अगर कोई "लक्ष्य" आपका है, तो लोगों की नकारात्मक बातों पर ध्यान न दें। बहरे मेंढक की तरह बनें और अपने प्रयासों में कोई कमी न रखें। "विजेता" आप ही होंगे।

लक्ष्य आपका !

राजा शामसिंह को पड़ोस के राजा ने "सौजन्य भेंट" के दौरान दो सुंदर बाज उपहार स्वरूप दिए। राजा इतने सुंदर और अच्छे बाज मिलने से बहुत प्रसन्न था। वह उन्हें अपने महलों के आसपास ही रखता और उनकी देखभाल के लिए कुछ सैनिक भी नियुक्त किए।

एक दिन एक सैनिक ने दरबार में आकर राजा से निवेदन किया, "महाराज, एक बाज अच्छा उड़ता है और एक बाज उड़ता ही नहीं है।" राजा अपने मंत्री के साथ बाजों को देखने गए और उन्होंने पाया कि एक बाज उड़ रहा है; जबकि दूसरा बाज केवल पेड़ पर बैठा है, वह उड़ने का प्रयास ही नहीं कर रहा। राजा सोच में पड़ गया कि इतने अच्छे बाज होने के बावजूद एक उड़ रहा है और एक उड़ ही नहीं रहा, केवल पेड़ पर बैठा है।

उन्होंने मंत्री को आदेश देकर नगर में मुनादी करवा दी कि जो व्यक्ति बाज को उड़ाने में सफल होगा, उसे सौ सोने की मुद्राएं इनाम स्वरूप दी जाएंगी। कई जानकार आए और उस बाज को उड़ाने का प्रयास किया, किन्तु कोई भी सफल नहीं हुआ।

समय बीतता गया और कोई भी बाज को उड़ाने में कामयाब नहीं हो रहा था। यह जानकारी जब दूर निवास कर रहे, एक अनपढ़ किसान को लगी कि राजा का एक बाज उड़ता नहीं है। और जो उसे उड़ाने में कामयाब होगा, उसे इनाम स्वरूप सौ सोने की मुद्राएं प्राप्त होंगी।

इस कार्य को करने के लिए वह राजमहल पहुँचा। उसने सैनिकों से अपने आने का कारण बताया और कहा, "मैं कोशिश करना चाहता हूँ, मैं उस बाज को उड़ा दूँगा।"

पहले तो किसान का हुलिया देखकर सैनिकों को विश्वास ही नहीं हो रहा था कि एक अनपढ़ किसान बाज को उड़ा पाएगा। उन्होंने किसान से कहा, "कई जानकार आए और असफल होकर अपने-अपने गाँव लौट गए। कोई भी बाज को उड़ा नहीं पाया। क्यों अपना मजाक बना रहे हो? तुम अपने गाँव वापस जाओ।"

किन्तु किसान अपनी बात पर अड़ा रहा। बार-बार निवेदन करने पर सैनिकों ने किसान की मुलाकात मंत्री से करवा दी और सारी परिस्थितियाँ समझा दीं। मंत्री ने उस किसान को एक मौका दिया। किसान को वह बाज दिखाया गया, जो पेड़ पर बैठा था। किसान ने पेड़ और बाज का अच्छे से निरीक्षण किया और स्थिति का जायजा लिया। फिर पेड़ पर चढ़कर कुल्हाड़ी से वह टहनी काट दी, जिस पर बाज बैठा था। टहनी टूटते ही बाज उड़ा, और फिर पहले बाज से भी अधिक तेज उड़ने लगा। बाज को उड़ते हुए देख मंत्री, सैनिक और वहाँ उपस्थित सभी लोग आश्चर्यचकित रह गए।

जब यह बात महाराज को पता चली कि एक अनपढ़ वृद्ध किसान ने बाज को उड़ाया है, तो वे दंग रह गए। आखिर यह चमत्कार कैसे हुआ? यह जानना महाराज के लिए जरूरी हो गया। मंत्री उस किसान को लेकर दरबार पहुँचा और महाराज को सारी बात बताई। महाराज ने किसान से पूछा, "कई जानकार व्यक्ति उस बाज को नहीं उड़ा पाए, और तुमने उसे उड़ा दिया। आखिर यह कैसे हुआ?"

किसान ने हाथ जोड़कर उत्तर दिया, "महाराज, मैंने सिर्फ वह टहनी काट दी जिस पर बाज बैठा था। केवल उसका कम्फर्ट जोन हटा दिया। मरता क्या नहीं करता, वह स्वस्थ था। उसकी सुविधा हटने पर उसे उड़ना तो था ही, इसलिए वह उड़ गया। व्यक्ति हो, जानवर हो या पक्षी हो जब तक वे अपने सुखद क्षेत्र में रहेंगे, वे कुछ भी नहीं करेंगे। जैसे ही उनका (कम्फर्ट जोन) हटेगा, वे अवश्य तरक्की करेंगे।"

महाराज अनपढ़ वृद्ध किसान की बातों और कार्य से बड़े प्रसन्न हुए। मुनादी के अनुसार सौ सोने की मुद्राएं भेंट की और सत्कार कर किसान को विदा किया गया।

पाठ: कभी-कभी हमें अपने आरामदायक क्षेत्र से बाहर निकलना बहुत जरूरी हो जाता, ताकि हम अपनी वास्तविक क्षमताओं को पहचान सकें और अपने लक्ष्य तक पहुँच सकें। कोई भी व्यक्ति अपने कम्फर्ट जोन से बाहर निकले बगैर सफलता हासिल नहीं कर सकता।

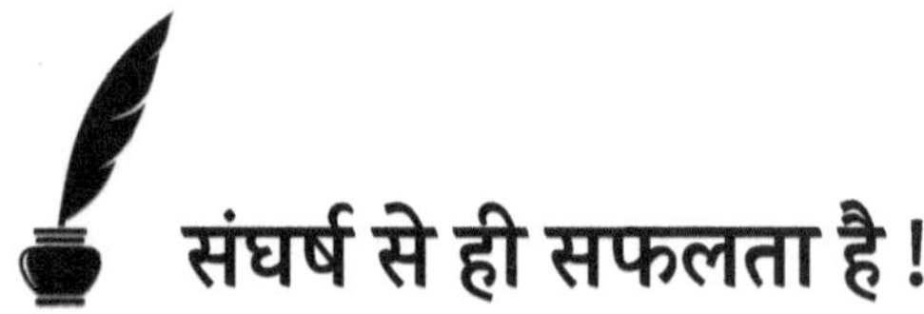

संघर्ष से ही सफलता है !

शहर में एक नामी सेठ गोपालदास और उनका परिवार रहता था। उनकी पत्नी का नाम विद्या देवी था और उनके दो बच्चे थे - पुत्री विधी और पुत्र उदय। सेठ गोपालदास की प्रसिद्धि उनके नाम और काम दोनों से थी। भगवान की असीम कृपा से, इस परिवार में किसी भी चीज की कोई कमी नहीं थी। सेठ गोपालदास अभूत और नियम के बड़े पक्के थे।

युवा पुत्र उदय बहुत उदंड, लापरवाह, आलसी और कामचोर था। उसे बढ़िया भोजन, बढ़िया कपड़े, और कभी-कभी कार या नई बाइक से घूमने का शौक था। उदय, परिवार का इकलौता वारिस होने के कारण सबका चहेता था। उसका फ्रेंड सर्कल (दोस्तों की टोली) भी उसी तरह का था। उदय को उनके साथ पार्टी करने और घूमने-फिरने का बड़ा शौक था। उसने अपने कॉलेज की पढ़ाई भी अधूरी ही छोड़ रखी थी।

परिवार में एक चचेरा बड़ा भाई भी था, जिसके माता-पिता की मृत्यु एक कार दुर्घटना में हो गयी थी। चचेरे भाई का नाम सोहन था। उसकी परवरिश सेठ गोपालदास ने अपने पुत्र की तरह की थी। वह ग्रेजुएट था और चाचा के कारोबार को देखता था। गोपालदास को अपने पुत्र से ज्यादा सोहन पर भरोसा था, क्योंकि वह आज्ञाकारी, संस्कारी, व्यवहार कुशल, मेहनती और धार्मिक प्रवृत्ति के साथ ही दयालु भी था। सोहन परिवार का पूरा ख्याल रखता था। वह उदय से बहुत स्नेह करता था, जरूरत पड़ने पर उसे पैसे वगैरह भी देता था।

किन्तु उदय की फिजूलखर्ची सेठ गोपालदास को बिल्कुल पसंद नहीं थी। उन्होंने उसे सुधारने के लिए घर में एक सख्त फरमान जारी किया, "कल से उदय काम पर जाएगा और प्रतिदिन रुपये कमा कर मुझे देगा।"

यह सख्त आदेश था! लेकिन उदय के कानों में जूं तक नहीं रेंगी, जैसे कुछ हुआ ही नहीं। सुबह देर से उठा, नाश्ता किया और बहन विधी के पास गया। उसने कहा, "विधी, देखो ना, पापा मुझे परेशान कर रहे हैं। कह रहे हैं काम पर जाओ और रुपये कमाकर शाम को मुझे दो, नहीं तो घर पर रहने की कोई जरूरत नहीं।"

विधी दीदी अपने भाई उदय को बहुत प्यार करती थी, इसलिए उसने उदय को तीन सौ रुपये दे दिए और कहा, "शाम को पापा को दे देना। और कहना कि मैं कमा कर लाया हूँ।" उदय बहुत खुश हुआ और घूमने फिरने दोस्तों के साथ निकल गया।

रामू, जो कि सेठ गोपालदास का बहुत वफादार नौकर था, उसने भाई-बहन की सारी बातें सुन ली थीं। उसने धीरे से सेठजी को ये सारी बातें बता दीं। सेठजी गंभीर होकर कुछ देर तक सोचते-विचारते रहे और फिर उन्होंने बिटिया से कहा, "दामाद का फोन आया है, उन्होंने तुम्हें ससुराल बुलाया है। बस से सोहन तुम्हें छोड़ आएगा।" सोहन विधी दीदी को ससुराल छोड़ आया।

शाम को उदय घर लौटा और पापा के हाथ में तीन सौ रुपये दिए और बोला, "यह आज की कमाई है।" सेठजी ने उसे ऊपर से नीचे तक देखा और फिर रुपये लेकर पास ही के कुएँ में फेंक दिए। उदय ने यह नजारा देखा और अपने कमरे में चला गया।

उदय, दूसरे दिन फिर देर से उठा। उसे नौकर द्वारा पता चला कि दीदी ससुराल चली गई हैं और सोहन भैया उन्हें छोड़कर आए हैं। अब क्या करे, यह सोचकर माँ के कमरे में गया और माँ से पापा की शिकायत करने लगा, "पापा मुझे काम पर भेज रहे हैं, परेशान कर रहे हैं। तुम कुछ पापा को समझाओ।"

माँ ने उसे प्यार से समझाया, "पापा सही कह रहे हैं। तुम्हें काम करना चाहिए। तुम्हारा बड़ा भाई सोहन देखो, वह घर की पूरी जिम्मेदारी उठाता है और काम करता है।"

उदय ने जवाब दिया, "मम्मी, तुम भी मुझे परेशान कर रही हो। मुझे रुपये दो।" माँ का लाड़ला होने के कारण माँ ने उसे पाँच सौ रुपये दे दिए। उदय पाँच सौ रुपये लेकर घर से निकला और फिर यार दोस्तों के साथ मौज-मस्ती करने लगा। दो सौ रुपये मौज-मस्ती में उड़ा दिए।

वफादार रामू ने आज फिर से सेठजी को सारा किस्सा, चुपचाप बता दिया। सेठजी ने अपनी पत्नी विद्या को मायके भेज दिया और कहा कि तुम्हारे बाबूजी (पिताजी) की तबियत खराब है। शाम को उदय घर लौटा और पापा को तीन सौ रुपये हाथ में थमाए। पिता ने उसे ऊपर से नीचे

तक देखा और शीघ्र तीन सौ रुपये की पोटली बनाकर कुएं में फेंक दी। यह नजारा देखकर ,वह फिर अपने कमरे में चला गया।

तीसरे दिन पुन: उदय सुबह देर से उठा। उसे पता चल गया था कि माँ नाना के घर गई हैं। अब क्या करे, यह सोचते हुए उसे अपने बड़े भाई सोहन की याद आई। वह सोहन के कमरे में गया और पापा की शिकायत करने लगा, "पापा मुझे परेशान कर रहे हैं और काम करने को कह रहे हैं। भैया, आप ही बताओ मैं क्या करूँ ?"

सोहन भी उदय को बहुत चाहता था। उसने उदय को एक दोस्त की हैसियत से मधुर भाषा में समझाया, "देखो उदय, पापा की तुमसे बहुत उम्मीदें हैं। वे तुम्हें एक कुशल उद्योगपति बनाना चाहते हैं ताकि आगे चलकर तुम उनका कारोबार संभाल सको। वे जरूर सख्ती दिखा रहे हैं, पर वे तुम्हें चाहते हैं और तुम्हारा भला चाहते हैं। तुम्हारा फ्रेंड सर्किल ठीक नहीं है। तुम्हारा कोई भी दोस्त जिम्मेदार और मदद करने वाला नहीं है। इस बात का ख्याल रखो।"

यह सारी अच्छी बातें उदय के दिमाग के ऊपर से जा रही थीं। वह तो केवल यही चाह रहा था कि किसी तरह भैया मुझे रुपये दे दें। सोहन भी समझ रहा था कि उदय क्या चाहता है। उसने उदय को पाँच सौ रुपये दे दिए और फिर एक बार पुन: मधुर भाषा में कहा, "उदय, मैंने जो कुछ कहा, बड़े भाई और एक अच्छे दोस्त की हैसियत से कहा है। इस पर जरूर विचार करना, वरना जिंदगी में पछताना पड़ेगा।"

उदय ने कहा, "ठीक है भैया, मैं आपकी बात ध्यान रखूँगा।" और फिर घर से रवाना हो गया।

इधर रामू ने सारी बातें सुनकर सेठजी को चुपचाप बता दीं। सेठजी ने सोहन को बुलाया और कहा, "यह भोपाल के कुछ व्यापारियों के नाम और दुकान के पते हैं। दो दिन के लिए भोपाल जाओ। उनसे राशि लेकर आओ। मेरी इन लोगों से फोन पर बात हो गई है, वे तुम्हें राशि दे देंगे।" सोहन पापा की बात समझ गया और "जी पापाजी" कहकर भोपाल जाने की व्यवस्था कर भोपाल रवाना हो गया।

शाम को उदय घर लौटा। उसने दो सौ रुपये दोस्तों के साथ मौज-मस्ती में उड़ा दिए थे और तीन सौ रुपये पापा के हाथ में दिए। कहा, "यह आज की कमाई है।" सेठजी ने शीघ्र पोटली बनाई, उसे ऊपर से नीचे तक देखा और फिर पोटली कुएं में डाल दी। उदय, फिर अपने कमरे में चला गया। उसे बहुत अजीब सा लग रहा था। भोजन कर वह सो गया।

अगली सुबह वह पुन: देर से उठा। नौकर द्वारा उसे जानकारी मिली कि सोहन भैया को काम से दो दिन के लिए पापा ने भोपाल भेजा है। अब उसके सारे विकल्प खत्म हो गए थे। वह घर से निकलने से पहले भगवान को प्रणाम किया, पिताजी के चरण स्पर्श किए और कहा, "पापा, मैं काम पर जा रहा हूँ, आता हूँ।"

उदय घर से निकल गया। सेठ गोपालदास आज बहुत गंभीर थे। उन्हें एहसास हो गया था कि आज उदय की असली परीक्षा है, क्योंकि उन्होंने उसके कम्फर्ट जोन के सारे रास्ते हटा दिए थे। उदय पहले अपने दोस्तों के पास गया। रुपये माँगने पर कोई भी दोस्त उसे रुपये देने के लिए तैयार नहीं हुआ। बल्कि उस पर कमेंट कर रहे थे, "तुझे रुपये की क्या जरूरत? तुम खुद रईस हो।" कुछ कह रहे थे, "आज कुबेर एक गरीब की हँसी उड़ाने आया है।" कुछ कह रहे थे, "उदय भाई, क्यों मजाक कर रहे हो? तुम और रुपये, तुम्हें क्या कमी है रुपयों की?"

फिर उसे अपने सच्चे दोस्त महेश की याद आई। वह उससे मदद माँगने गया, लेकिन महेश ने भी कहा, "मेरे पास रुपये नहीं हैं। मुझे दु:ख है, उदय। मैं तेरी मदद नहीं कर सकता।"

उदय पर जैसे पहाड़ गिर गया। अब क्या करे? दोपहर के बारह बज गए थे। फिर वह काम की तलाश में निकला, लेकिन कोई भी उसे काम देने को तैयार नहीं था। लोग कह रहे थे, "उदय, तुम्हें काम की क्या जरूरत? तुम्हारे यहाँ तो नौकर-चाकर हैं। तुम काम क्यों करना चाहते हो?" उदय के पास कोई उत्तर नहीं था, किन्तु वह प्रयास करता गया।

आखिर एक जगह कुछ मजदूर नहीं आये थे। उस सेठ को मजदूरों की सख्त जरूरत थी। दो ट्रक शाम तक लोड कर रवाना करना था, और चावल की दस-दस किलो की कट्टियाँ (बोरियाँ) उसमें लोड करनी थीं। उदय ने सेठ जी से काम माँगा। सेठ ने उसे ठीक से देखा और पूछा, "कभी कोई काम किया है?"

उदय ने जवाब दिया, "नहीं, पर मैं काम करना चाहता हूँ। मुझे काम की जरूरत है।"

सेठ ने कहा, "काम ठीक से और ईमानदारी से करना है।"

उदय ने हामी भरी और अन्य मजदूरों के साथ दस-दस किलो की चावल की कट्टियाँ ट्रक में लोड करने लग गया। उसने पहले कभी काम नहीं किया था और आज उसे एहसास हो रहा था कि पैसा कमाना कितना मुश्किल है। सीनियर मजदूर उसे कह रहे थे, "जल्दी-जल्दी कट्टियाँ लाओ, धीरे-धीरे काम नहीं चलेगा।" "हाँ भैया," कहकर उदय कुछ फुर्ती में पुन: कट्टियाँ ढोने

लगा। आज उदय पूरी मेहनत से काम कर रहा था। वह पूरी तरह पसीने से तर-बतर हो गया था, लेकिन उसने हिम्मत नहीं हारी।

दोपहर से शाम के सात बजे तक दोनों ट्रक लोड हो गए। सभी मजदूरों को छह-छह सौ रुपये मिले और उदय को तीन सौ रुपये, क्योंकि उसने दोपहर बाद कार्य किया था। इसलिए उसे आधी मजदूरी मिली। उसे आज सच्चा सबक मिल गया था।

वह अपने घर की ओर चल दिया और उसके मन में विचारों का मंथन हो रहा था। "मेरा कोई भी दोस्त काम नहीं आया, मेरा मजाक उड़ाया गया। जिस दोस्तों पर हजारों रुपये खर्च किए, कारों में घुमाया, सब व्यर्थ था। सुख के साथी थे, दुःख में कोई नहीं था।" उसे रह-रह कर सोहन भैया की याद आ रही थी और उनकी अनमोल बातें बार-बार उसके कानों में गूंज रही थीं। उसे बार-बार यह महसूस हो रहा था कि उसका असली हीरा उसके घर में है, और उसने उसके अच्छे संस्कार नहीं लिए। दोस्तों को जो काँच के टुकड़े थे, उन्हें हीरा समझकर उसने अपना जीवन खराब किया। माँ, बहन का स्नेह, और पिता की सख्ती याद आ रही थी। वह अपनी भूल पर शर्मिंदा था।

रात के आठ बजे वह घर पहुँचा और पापा के हाथ में मजदूरी के तीन सौ रुपये रखे। पिता ने उसे ऊपर से नीचे तक देखा और तीन सौ रुपये की पोटली बनाकर कुएं में फेंकने ही वाले थे कि उदय ने तुरंत पापा का हाथ पकड़कर रोक दिया और कहने लगा, "यह मेरी मेहनत की कमाई है, पापा प्लीज इसको कुएं में मत फेंको। मुझे अपनी गलती का एहसास हो गया है। मैं आपसे माफी माँगता हूँ।"

वह अपने पापा के पैर पकड़कर रोने लगा और बोला, "पापा, आप मम्मी, दीदी, भैया को बुला लो, मैं उनसे भी माफी माँगना चाहता हूँ। आज के बाद मैं अपने आवारा दोस्तों के साथ नहीं रहूँगा। मुझे जीवन में बहुत बड़ा सबक मिल गया है। जो आप कहेंगे, वही काम करूंगा।"

गोपालदास का मन भर आया और वे भी अपने आँसू रोक नहीं पाए। उन्होंने कहा, "बेटा, तुम्हें सबक सिखाने के लिए मुझे यह सब करना पड़ा। मैं तुम्हारा दुश्मन नहीं हूँ, तुम्हारा भला चाहता हूँ। तुम अपने बड़े भैया के मार्ग पर चलकर अच्छा नाम कमाओ, यही मेरी इच्छा है। कल से फैक्टरी का कामकाज अपने भाई के मार्गदर्शन में करना और सीखना। साथ ही समय और अनुशासन का ध्यान रखना।"

पाठः जीवन में अनुशासन, मेहनत, और संघर्ष जरूरी है। तभी व्यक्ति सफल होता है।

बुजुर्गों की सीख मानें !

गिद्धों का झुंड एक सागर किनारे डेरा डाले हुए था। सभी गिद्ध सागर के पानी में मछली का शिकार करते, कभी जानवर का मांस मिल जाता तो उसे नोचते-खसोटते। कभी इधर-उधर भी अपना शिकार ढूंढ़ते रहते। वे अपनी दिनचर्या कुछ इसी प्रकार ही चला रहे थे।

एक दिन गिद्धों का झुंड एक निर्जन टापू पर पहुँचा। वहाँ सागर के पानी में बहुत सारी अलग-अलग प्रजातियों की मछलियाँ आती थीं। वह जगह पूरी तरह सुरक्षित थी। गिद्धों को वहाँ बहुत आनंद आ रहा था और अच्छा लग रहा था। "खाओ और आराम करो" का अच्छा समय बीत रहा था। किंतु एक बुजुर्ग गिद्ध को यह जीवन रास नहीं आ रहा था। सभी गिद्ध मोटे हो रहे थे और उड़ना भूल गए थे।

उस बुजुर्ग गिद्ध ने एक दिन गिद्धों की सभा का आयोजन किया और सभी को समझाया, "खाना और आराम करना यह हमारे लिए घातक है। हमें मेहनत के साथ प्रतिदिन उड़ना चाहिए, नई-नई जगह जाना चाहिए। हमें अच्छे नए शिकार मिलेंगे और हमारा स्वास्थ्य भी ठीक रहेगा।"

अधिकांश गिद्धों ने बुजुर्ग गिद्ध का विरोध किया और उसकी आलोचना की। उन्होंने कहा, "बुजुर्ग गिद्ध की दिमागी हालत ठीक नहीं है। यह अनाप-शनाप कह रहा है। हम आराम की जिंदगी का क्यों त्याग करें? हम लोग यह टापू छोड़कर कहीं नहीं जाएँगे। और जो जाना चाहते हैं, वे जाने के लिए स्वतंत्र हैं।"

केवल बुजुर्ग गिद्ध ने ही मन बना लिया कि उसे टापू छोड़ना है, प्रतिदिन उड़ान भरनी है और अपना शिकार खुद ढूँढ़ना है। एक बार पुनः बुजुर्ग गिद्ध ने समझाया, किंतु किसी ने कोई

प्रतिक्रिया नहीं व्यक्त की। बुजुर्ग गिद्ध ने कहा, "विनाश काले, विपरीत बुद्धि।" और वह टापू छोड़कर अन्य जगह चला गया।

यहाँ गिद्धों की जिंदगी बड़े आराम से कट रही थी। प्रतिदिन मछली खाते, आराम करते। उनके पंख वजनदार और मोटे होने के कारण वे उड़ना भी भूल गए थे। एक दिन एक शिकारी बोट में कुछ तेज-तर्रार चीते लाकर उस टापू पर छोड़ गया। चीतों ने गिद्धों को अपना भोजन बनाना शुरू किया। कई घायल हुए, कई गिद्ध मर गए क्योंकि वे उड़ना तो भूल ही चुके थे। अधिकांश गिद्ध घायल होकर बेहोश हो गए थे।

शिकारी, उस टापू से चीतों को पुन: दूसरी जगह ले गया। बुजुर्ग गिद्ध को अपने साथियों की याद आ रही थी। उसने सोचा कि टापू में जाकर अपने साथियों से मिलकर आये, वहाँ का क्या हालचाल है? जब वह टापू पर पहुँचा, वहाँ का हाल बड़ा दयनीय था। कई गिद्ध मरे पड़े थे, कई घायल, कई बेहोश थे। एक घायल गिद्ध रेंगते-रेंगते बुजुर्ग गिद्ध के पास आया और वहाँ की घटना जो बीत चुकी थी, कह सुनाई। उसने कहा, "आपने सच में हमें चेताया था, किंतु हमारी मति खराब हो गई थी, जो हमने आपकी बात नहीं मानी। अगर आपकी बात मानी होती तो हमारे गिद्ध भाइयों की मौत न होती, ऐसी दयनीय स्थिति के लिए हम स्वयं ही जिम्मेदार हैं।"

पाठ: बुजुर्गों की सीख जो नहीं मानता, वह जीवन में हमेशा दुःख और हानि उठाता है।

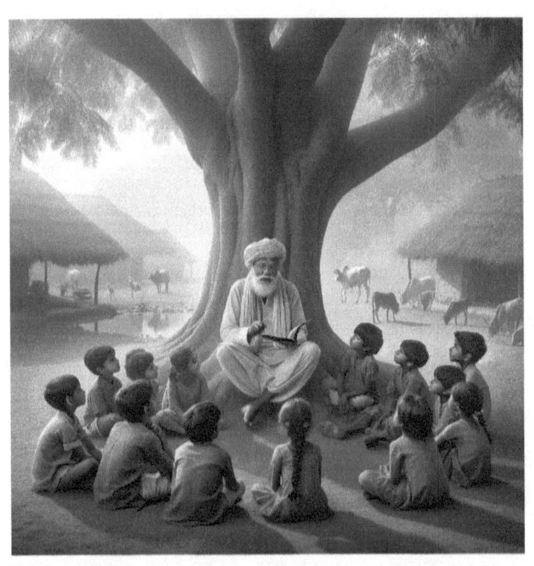

सुनो सबकी, करो मन की !

एक बार एक बाप और बेटा अपना गधा बेचने के लिए गाँव से शहर की ओर जा रहे थे। बाप और बेटा पैदल चल रहे थे और गधे की रस्सी पकड़कर लड़का चल रहा था। चलते-चलते एक राहगीर ने बाप से कहा, "क्या बेवकूफी है। मासूम लड़के को पैदल ले जा रहे हो और गधा सवारी होकर चल रहा है।" बाप ने लड़के को गधे पर बिठाया और खुद गधे की रस्सी पकड़कर चलने लगा।

कुछ दूर जाने पर फिर एक राहगीर टकराया और उनकी ओर देखकर कहने लगा, "क्या जमाना आ गया है। बेटा गधे पर बैठा है और बाप पैदल चल रहा है। लड़के को अपने पिता की कोई चिंता ही नहीं है।" लड़का गधे से उतरा और पिता से आग्रह किया, "आप गधे पर बैठें, रस्सी मुझे दे दें, मैं पैदल चलता हूँ।" पिता गधे पर बैठ गया और लड़का गधे की रस्सी लेकर चलने लगा।

थोड़ी दूर चलने पर फिर एक राहगीर ने उन्हें टोका, "यह क्या तरीका है। लड़का पैदल चल रहा है और बाप आराम से गधे पर बैठा है। घोर कलयुग है।" पिता गधे से उतरा और गधे की रस्सी पकड़कर गधे को लेकर चल पड़ा। आगे चलकर फिर एक राहगीर ने आश्चर्यचकित होकर कहा, "सवारी बैठने के लिए है। यह कैसे मूर्ख हैं। दोनों पैदल चल रहे हैं।" बाप और बेटा दोनों गधे पर बैठ गए और फिर सफर शुरू हो गया।

थोड़े रास्ते चले ही थे, एक राहगीर ने फिर आलोचना की, "कितने निर्दयी हो गए लोग। गरीब जानवर पर दया करनी चाहिए। दोनों बाप बेटे बैठकर उसकी जान निकाल रहे हैं। मूक जानवर की सेवा करनी चाहिए।" बाप और बेटा गधे के ऊपर से उतरे। दोनों ने गधे के पैर बांधकर उसको कंधे पर डंडे के सहारे ढोना शुरू कर दिया।

थोड़े दूर चले ही थे, एक राहगीर ने फिर कड़ी निंदा की, "क्या पागल हैं, यह लोग! गधे को कोई ढोता है ? गधा तो सवारी है। उस पर बैठकर आवागमन करना चाहिए।"

दोनों बाप बेटे की हालत खराब हो गई। क्या करें और क्या न करें ? असमंजस की स्थिति में थे। समझ नहीं पा रहे थे कि उन्हें क्या करना चाहिए।

पाठ: आप चाहे जो भी करें, दुनिया आपकी किसी न किसी बात के लिए हमेशा आलोचना करेगी। इसलिए, सदैव वही करें जो आपको सही लगे। किसी ने ठीक ही कहा है, "सुनिए सबकी, करिए मन की।"

योग्य चुनाव

झारखंड प्रदेश के राजा सदाशिव प्रजा की देखभाल ठीक से कर रहे थे। प्रजा भी खुशहाल थी। सभी लोग आनंद और कुशलता से जीवन यापन कर रहे थे। राजा को एक चिंता सता रही थी कि वह वृद्ध हो रहे हैं और इस राज्य का उत्तराधिकारी किसे नियुक्त किया जाए। इसी विचार से चिंतित राजा को देख मंत्री व्याकुल हो गया और आखिरकार राजा से चिंता का कारण पूछा।

राजा ने कहा, "मंत्री महोदय, मैं वृद्ध हो रहा हूँ और मेरी कोई भी संतान नहीं है। मेरे नहीं रहने के बाद राजगद्दी कौन संभालेगा, इसकी मुझे चिंता हो रही है।"

मंत्री ने कहा, "बस इतनी सी बात? आप अपने रिश्तेदार का लड़का गोद ले लीजिए। आपको पुत्र मिल जाएगा और राज्य को उत्तराधिकारी।"

राजा ने कहा, "यह उचित नहीं है। वे दौलत के लिए लड़ेंगे। हर रिश्तेदार चाहेगा कि मैं उनका लड़का गोद लूँ। यह रिश्तेदारों के साथ न्याय नहीं होगा।"

मंत्री ने पूछा, "तो महाराज, फिर आप क्या करेंगे?"

राजा ने कहा, "मैं सोच रहा हूँ कि राज्य का ही कोई योग्य युवा मेरा उत्तराधिकारी हो और वही राजगद्दी संभाले। क्योंकि प्रजा मेरी संतान है, मुझे योग्य युवा मिल जाएगा और प्रजा को युवराज। इसके लिए प्रजा में मुनादी करवा दो। राजा योग्य युवा का चुनाव करने वाले हैं, जो युवा इच्छुक हो, राजा से मुलाकात कर सकते हैं।"

राजा के आदेशानुसार मंत्री जी ने प्रजा में मुनादी करवा दी। युवा लोग आकर राजा से मुलाकात करते, किन्तु राजा संतुष्ट नहीं होते। यह सिलसिला चलता रहा। राजा भेष बदल कर युवाओं के काफिले में जाते थे और उन्हें जाँचने-परखने का भी कार्य करते थे।

सर्दी का समय था। राजा रात्रि में एक कोने में भेष बदलकर राहगीर से मदद मांग रहे थे। आते-जाते लोग देख रहे थे, किन्तु कोई भी उस व्यक्ति की मदद करने को तैयार नहीं हो रहा था। दूर गाँव से किसान का पुत्र अशोक भी राजा से मिलने आया था। उसने उस व्यक्ति की स्थिति देखी और ठण्ड से बचने के लिए अपना कोट निकालकर दे दिया।

वह व्यक्ति (राजा) बोला, "बेटा, तुम्हें ठण्ड नहीं लगेगी क्या ?"

अशोक ने कहा, "मैं अपने गाँव से चलकर आया हूँ। शरीर गरम है और मैं युवा हूँ। मुझे ठण्ड से कुछ ज्यादा फर्क नहीं पड़ेगा। आपके लिए यह जरूरी है, बाबा।"

फिर उस व्यक्ति (राजा) ने कहा, "मुझे भूख भी जोर से लगी है। मुझे कुछ खाने को मिलेगा ?"

अशोक ने अपने बैग से भोजन की पोटली निकाली और कहा, "बाबा, भोजन मेरी माँ ने बनाया है। आधा आप खा लो और आधा मैं अपने लिए रखता हूँ। मैंने भी भोजन नहीं किया। यह आधा भोजन सुबह कर लूँगा और राजा से मुलाकात करके अपने गाँव लौट जाऊँगा।" देखो सुबह क्या निर्णय करते हैं, राजा। इतना कहकर अशोक एक सराय में चला गया।

सुबह तैयार होकर अशोक राजा से मिलने पहुँचा। सैनिकों ने उसे राजा से मिलने की अनुमति दे दी। जब वह कक्ष में पहुँचा तो राजा को देखकर दंग रह गया। "आप तो भिखारी के भेष में थे," अशोक ने आश्चर्यचकित होकर कहा।

राजा ने मुस्कुराते हुए कहा, "मैं युवाओं की भेष बदलकर परीक्षा ले रहा था और तुम इस परीक्षा में सफल हुए हो। तुम्हारी मुलाकात सफल हो गई है।"

राजा ने मंत्री से कहा, "हमें युवराज और राज्य का उत्तराधिकारी मिल गया है। तिलक की तैयारी करवाओ।"

अशोक ने राजा के चरण स्पर्श कर अभिवादन किया और अपनी जिम्मेदारी पूरी ईमानदारी और निष्ठा से निभाने का संकल्प लिया।

पाठ: त्याग और समर्पण ही आगे बढ़ने का सही रास्ता है। दूसरों के लिए त्याग और अपनों के लिए समर्पण होना चाहिए।

सच की दौड़

कमल की माँ की तबियत बहुत खराब थी। पिता के निधन के बाद परिवार की सारी जिम्मेदारी कमल पर थी। मेहनत-मजदूरी कर वह परिवार का पालन-पोषण करता था। उसकी सात साल की एक छोटी बहन सरिता भी थी।। नटखट और प्यारी सी सरिता अपने भाई कमल से खिलौने और टॉफ़ी की फरमाइश करती रहती थी। कमल हमेशा अपनी बहन की इन छोटी-छोटी खुशियों का ध्यान रखता था और उसे समय-समय पर खिलौने और टॉफ़ी लाकर देता था।

कमल ने माँ को अस्पताल में भर्ती किया। जाँच के बाद डॉक्टर ने कहा कि आपकी माँ का ऑपरेशन करना पड़ेगा, तभी वह ठीक हो पाएंगी। ऑपरेशन के लिए दस हजार रुपये जमा करने होंगे। कमल पहले से ही तंगहाली से जूझ रहा था, ऐसे में इतनी बड़ी रकम का इंतजाम करना बहुत मुश्किल था। उसने अपने परिचितों से भी उधार राशि मांगी, लेकिन कोई भी उसको सहयोग करने के लिए तैयार नहीं हुआ।

कमल का भगवान पर अटूट विश्वास और श्रद्धा थी। वह भगवान से प्रार्थना कर रहा था कि कोई रास्ता निकले। उसकी परेशानी बढ़ती ही जा रही थी। जब वह घर लौटा, तो सरिता ने पूछा, "भैया, पैसों का इंतजाम हो गया?" कमल ने कहा, "कर रहा हूँ कोशिश, जल्दी ही व्यवस्था हो जाएगी।"

उसी समय उसका एक दोस्त कमल से मिलने आया और कहा, "दौड़ प्रतियोगिता का आयोजन हो रहा है। तू इसमें हिस्सा लेकर जीत सकता है। इक्कीस हजार रुपयों का इनाम मिलेगा। यह एक अच्छा अवसर है।" इतना कहकर उसका दोस्त चला गया।

कमल ने प्रण कर लिया कि वह हर हाल में दौड़ प्रतियोगिता में हिस्सा लेगा। उसने आयोजकों से मिलकर प्रतियोगिता में अपना नाम दर्ज करा लिया। समयानुसार दौड़ प्रतियोगिता के लिए एक से एक युवा उपस्थित थे। सबकी पूरी तैयारी थी। सभी लोग अपने-अपने सहूलियत के हिसाब से कपड़े और अच्छी गुणवत्ता वाले जूते पहनकर आए थे। केवल कमल ही साधारण कपड़े और पुराने जूते पहने हुए था। उसने भगवान को याद किया और पूरे तन-मन की ताकत से दौड़ लगाई।

दौड़ के शुरुआत में अन्य युवा आगे थे और कमल पीछे था। युवा तेज गति से दौड़ रहे थे। अचानक कुछ ऐसा चमत्कार हुआ कि कमल ने सबसे तेज दौड़कर सबको पीछे कर दिया। यह चमत्कार देखकर सब दंग रह गए। कमल रुकने का नाम नहीं ले रहा था। उसने आखिरकार दौड़ प्रतियोगिता में प्रथम स्थान प्राप्त किया। उसे विजयी घोषित किया गया और इक्कीस हजार रुपये का पुरस्कार और प्रमाण-पत्र दिया गया। उसका चेहरा और आँखें खुशी से जगमगा रही, आखिरकार भगवान ने उसे सच्चा आशीर्वाद देकर मदद की थी।

कमल ने सर्वप्रथम माँ के ऑपरेशन के लिए दस हजार रुपये जमा किए। फिर बहन के लिए कुछ खिलौने खरीदे। आज कमल के साहस की प्रशंसा पूरा गाँव कर रहा था। उसके घर पर बधाई देने वालों का तांता लगा हुआ था। यह दिन कमल के लिए किसी उत्सव से कम नहीं था। उसने भगवान की प्रार्थना कर उन्हें दिल से धन्यवाद अदा किया। इधर, माँ का ऑपरेशन सफलतापूर्वक हो गया।

पाठ: यदि आपके पास भगवान के प्रति सच्ची श्रद्धा और विश्वास है, तो वह संकट के समय आपकी मदद अवश्य करेंगे।

क्रोध की आग

रामनगर नामक गाँव में एक छोटा सा परिवार रहता था। परिवार में माता-पिता, पाँच वर्ष का पुत्र अविनाश और सात वर्ष की पुत्री अनीता थी। घर में किसी चीज़ की कोई कमी नहीं थी, लेकिन अनीता को बहुत अधिक गुस्सा आया करता था। उसके माता-पिता उसकी इस आदत से बहुत परेशान थे। अनीता गुस्से में खिलौने तोड़ देती, घर का सामान फेंक देती और किसी से भी अपशब्द कह देती। उसकी यह आदत दिन-ब-दिन बढ़ती जा रही थी, माता-पिता को चिंता होने लगी। उन्होंने अनीता के टीचर से बात की और अनीता बिटिया के गुस्से के बारे में बताया। उन्होंने अपनी परेशानी तथा चिंता जाहिर की, और साथ ही उसकी आदत में बदलाव लाने हेतु निवेदन किया।

टीचर ने हामी भरी और अनीता के घर रोज आकर अच्छी-अच्छी बातें करना, कहानियाँ सुनाना, कुछ रोचक खेल खेलना शुरू किया। अनीता को टीचर का साथ और बातें बहुत अच्छी लगती थीं और वह टीचर का सम्मान भी करती थी, किन्तु गुस्से से बाज नहीं आती थी।

एक दिन टीचर ने अनीता से कहा, "क्यों न हम एक खेल खेलते हैं? अगर तुम विजेता बनोगी, तो तुम्हें अच्छा इनाम मिलेगा और खेल में मजा भी आएगा।" अनीता मान गई। टीचर ने कहा, "जब-जब तुम्हें गुस्सा आए, इस नयी दीवार पर कील ठोक दिया करो। दिन में जितनी बार गुस्सा आए, उतनी कीलें तुम्हें समय-समय पर ठोकनी हैं। ऐसा प्रतिदिन करना है।"

खेल शुरू हो गया। किसी दिन पंद्रह तो किसी दिन बारह कीलें दीवार पर अनीता लगा देती, यह सिलसिला कई दिनों तक चलता रहा। इस दरमियान अनीता के हाथ में कई बार हथौड़ी लगी, जिससे उसका हाथ कई बार जख्मी हुआ। धीरे-धीरे उसे समझ आया कि यदि मैं कम गुस्सा

करूँगी तो कीलें भी कम ही लगानी पड़ेंगी। ऐसे करते-करते एक दिन ऐसा आया, जब उसने अपने गुस्से पर काबू पा लिया। और उस दिन वह बहुत खुश हुई। उसने टीचर से कहा, "सर, आज दिनभर मुझे गुस्सा नहीं आया। मैंने कोई कील नहीं ठोकी।" टीचर खुश हुए, अनीता को शाबासी दी और उसके अच्छे कार्य पर प्रशंसा की।

अब खेल का दूसरा हिस्सा शुरू होता है। "अब तुम्हें अपने माता-पिता, भाई और अपनी सहेली की अच्छी बातों पर काम करना है, मदद करनी है। और दिन में जितनी बार मदद करोगी, उतनी कीलें दीवार से निकालनी हैं। कल से खेल का दूसरा हिस्सा प्रारंभ होगा।"

अनीता ने प्रतिदिन अपने माता-पिता, भाई और सहेली की मदद करना, अच्छी बातें मानना और सुनना शुरू कर दिया। किसी दिन वह सोलह कील निकालती, किसी दिन बारह। यह सिलसिला कई दिनों तक चलता रहा, फिर एक दिन ऐसा आया कि दीवार की सारी कीलें निकल गईं। एक भी कील दीवार पर नहीं थी। अनीता के स्वभाव, आदत, और व्यवहार में भी बहुत परिवर्तन आ गया था।

टीचर ने उसके अच्छे कार्य पर उसे इनाम दिया, उसकी पीठ थपथपाई और कहा, "वेरी गुड।" साथ ही एक बात समझाते हुए कहा, "यह दीवार देखो, जगह-जगह गड्ढे ही गड्ढे हैं, और दूसरी दीवार देखो, साफ-सुथरी, चमकती हुई। जब तुम्हें गुस्सा आता था, तुम अच्छी नहीं लगती थीं। माता-पिता को दुःख पहुँचाती थीं। घर के सामान का नुकसान करती थीं। अनाप-शनाप शब्दों का प्रयोग करती थीं। तीर से घायल हुआ ठीक हो सकता है, लेकिन इस गड्ढेनुमा दीवार की तरह चोटें हमेशा दिखती रहेंगी। आज तुम में जो परिवर्तन आया है, उससे तुम्हारे माता-पिता, भाई और सहेली सब खुश हैं और तुम्हारे ऊपर गर्व महसूस करते हैं। तुम्हें भी संतुष्टि है।"

अनीता को अपनी गलती का एहसास हुआ। उसने माता-पिता, भाई और सहेली से दुर्व्यवहार और गुस्से के लिए माफी माँगी और वचन दिया कि भविष्य में गुस्सा नहीं करेगी। माता-पिता ने अनीता को उचित शिक्षा देने के लिए, टीचर को धन्यवाद दिया।

पाठः गुस्सा (क्रोध) आग समान होता है। यह सबकुछ जलाकर राख कर देता है। गुस्से पर काबू रखना सीखें।

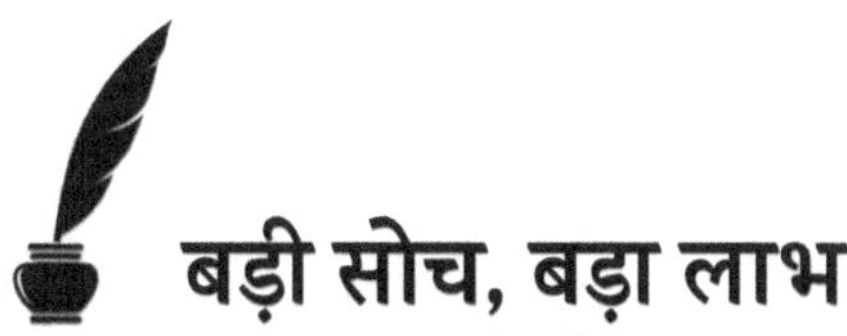

बड़ी सोच, बड़ा लाभ

रोहन और सोहन, प्रतिदिन आठ किलोमीटर पैदल चलकर नदी से दो-दो बाल्टी पानी लाते और गाँव में बेच देते। यह उनका प्रतिदिन का काम था, जो वे आठ-आठ घंटे करते थे। गाँव में पानी की भारी कमी थी, और यह काम उनके परिवार की रोजी-रोटी का जरिया था।

रोहन चालाक और चतुर था। वह पानी बेचकर प्रतिदिन आधी राशि बचा लेता था, जबकि सोहन अपनी पूरी कमाई परिवार की जरूरतों पर खर्च करता था। वह नई-नई चीजें खरीदता, जबकि रोहन पुराने कपड़ों और चीजों को ठीक कर काम चला लेता था।

रोहन ने अपनी बचत से काफी राशि जमा कर ली थी। उसने एक योजना बनाई और नदी से अपने घर तक पाइपलाइन जोड़ ली, जिसमें एक मोटर भी लगाई गई थी। अब नदी का पानी पाइपलाइन द्वारा, सीधे उसके घर पर ही आने लगा। उसने गाँव वालों को सस्ते दाम पर पानी बेचना शुरू कर दिया। उसका धंधा खूब चल पड़ा। उधर सोहन से लोगों ने पानी खरीदना बंद कर दिया और उसकी स्थिति दयनीय हो गई। वह घर का सामान बेचकर परिवार चलाने लगा।

इधर, रोहन ने एक नौकर रख लिया। उसका बेटा भी बड़ा हो गया था, जो रुपयों का हिसाब-किताब ठीक से देख लिया करता। रोहन ने गाँव में एक और बिजनेस शुरू किया, वह भी सफल रहा। उसने बचत करके अपने परिवार के लिए एक आलीशान मकान बना लिया और उसकी जिंदगी खुशहाल हो गई।

सोहन के दिन बद से बदतर हो गए। कोई भी काम करता, उसे घाटा ही होता। जबकि रोहन हर काम योजना बनाकर, समझदारी से और बुजुर्गों की सलाह लेकर करता था। उसे हर काम

में सफलता मिलती। एक दिन वह गाँव का सबसे अमीर आदमी बन गया। लेकिन उसमें अहंकार नहीं था। वह व्यवहार कुशल था, मेहनती लोगों की मदद करता और धार्मिक प्रवृत्ति का था।

पाठ: व्यक्ति को मेहनती, व्यवहारकुशल और लोगों की मदद करने की प्रवृत्ति होनी चाहिए। तभी वह सफलता के शिखर पर पहुँचने में कामयाब होता है।

ऊँची उड़ान

बाज पक्षी की उम्र सत्तर वर्ष होती है। जब वह चालीस वर्ष का हो जाता है, उसके शरीर में कई बदलाव होने लगते हैं। उसकी चोंच टेढ़ी-मेढ़ी हो जाती है, पैर के नाखून भी मुड़ जाते हैं, और उसके पंख मोटे और भारी हो जाते हैं। इसके कारण उसकी उड़ने की क्षमता कम हो जाती है और शिकार करना भी बहुत मुश्किल हो जाता है। यह कुदरत का नियम है। उसके पास केवल दो ही रास्ते बचते हैं: या तो आत्महत्या कर ले, या अपने आप को मजबूत बनाए।

बाज दूसरा रास्ता अपनाता है। वह ऊँची पहाड़ी पर जाकर पत्थर पर अपनी चोंच मार-मारकर तोड़ देता है। फिर, पत्थर पर पैर पटक-पटककर अपने नाखून तोड़ लेता है। इस प्रक्रिया में उसे बहुत पीड़ा और दर्द सहना पड़ता है। नई चोंच आने पर, वह अपने भारी पंखों को चोंच से अलग करता है। यह सब करने के लिए उसे बहुत दर्द और पीड़ा से गुजरना पड़ता है। लेकिन अंतत: एक नया सवेरा, नई खुशी उसके जीवन में आती है।

कुदरत द्वारा उसे नई नुकीली चोंच, नए नाखून और हल्के सुंदर पंख मिलते हैं। इसके बाद वह ऊँची- ऊँची उड़ान भरने में कामयाब हो जाता है। उसकी मेहनत रंग लाती है, और वह प्रतिदिन ऊँची उड़ान भरता है तथा अपने लिए शिकार का बंदोबस्त करता है। यह पक्षी हमें सिखाता है कि जीवन में हार मानकर बैठना नहीं चाहिए, बल्कि संघर्ष कर अपनी समस्याओं का समाधान निकालना चाहिए और अपने लक्ष्य को प्राप्त करना चाहिए।

जब एक पक्षी अपने जीवन में हताश नहीं होता, तो फिर इंसान को तो भगवान ने सोचने के लिए बुद्धि दी है। हमारे पास सोचने-समझने और कुछ करने की अद्भुत क्षमता है। बेरोजगार युवा और युवतियों को हताश नहीं होना चाहिए। एक पक्षी अपने जीवन में अकेले के दम पर

अच्छा कार्य कर सकता है, तो हमारे पास तो परिवार, मित्र, समाज और वरिष्ठ लोगों का समर्थन है। मानो कि कुछ लोग सहयोग न भी करें, फिर भी यह दुनिया अच्छे लोगों से खाली नहीं है। आपको अपने व्यवहारानुकूल यदि उनकी बात कड़वी भी लगे, तो भी वह आपके हित में ही होगी। गुरु और वरिष्ठगण बाहर से कठोर होते हैं, लेकिन अंदर से मधुर होते हैं और आपका हित ही चाहते हैं। उनका लाभ लेकर जीवन में आगे बढ़ना चाहिए।

पाठ: एक पक्षी से जीवन जीने की कला सीखनी चाहिए। हताशा और नकारात्मक सोच को मन से हटाएं और सकारात्मक सोचें। जीवन में आने वाली चुनौतियों का सामना करें और अपने लक्ष्य को प्राप्त करें।

सकारात्मक सोच का जादू

जर्मन का राजा रार्बट अनुशासन के मामले में प्रसिद्ध था। उसे झूठ, कालाबाजारी और मिलावटखोरी से सख्त नफरत थी। ऐसे दोषी व्यक्तियों को वह मृत्युदंड देता था। दोषियों के खिलाफ उसका ऐसा सख्त रवैया निरंतर चलता रहा।

एक बार गंधार का राजा शफी खाँ राजा रार्बट से मिलने पहुँचा। राजा शफी खाँ ने रार्बट को दस अनमोल और सुंदर मूर्तियाँ भेंट कीं। राजा रार्बट भेंट पाकर बहुत खुश हुआ और धन्यवाद अदा किया। जर्मन की तरफ से भी भेंट देकर राजा शफी खाँ को विदा किया।

राजा रार्बट ने उन मूर्तियों की देखभाल के लिए अपने एक वफादार नौकर को नियुक्त किया। वह नौकर पंद्रह साल से राजा के साथ था और अपनी ईमानदारी और वफादारी के लिए जाना जाता था। वह मूर्तियों की देखभाल और सफाई पूरी निष्ठा से करता था। राजा प्रतिदिन मूर्तियों को देखने आता और खुश होता।

एक दिन सफाई के दौरान वफादार नौकर से एक मूर्ति गलती से टूट गई। नौकर भयभीत हो गया कि राजा उसे अवश्य सजा देगा। उसी समय, राजा रार्बट मूर्तियाँ देखने आया। उसने टूटी हुई मूर्ति देखी और क्रोधित होकर नौकर को मृत्युदंड देने का आदेश दे दिया। तभी नौकर ने राजा से निवेदन किया कि उसे एक दिन का समय दिया जाए। उसने वादा किया कि वह मूर्ति को इस तरह जोड़ेगा कि वह टूटी हुई दिखाई ही नहीं देगी।

राजा ने उसे एक दिन का समय दिया और कहा, "ठीक है, टूटी मूर्ति जोड़ देना।" राजा के जाने के बाद, नौकर ने कुछ समय में सभी नौ मूर्तियों को तोड़कर चकनाचूर कर दिया।

अगले दिन, राजा वहाँ आया और उसने सभी मूर्तियाँ टूटी हुई और चकनाचूर हालत में देखीं। उसने नौकर से पूछा, "यह क्या ? तुम तो उस मूर्ति को जोड़ने वाले थे, और अब सभी मूर्तियाँ टूटी हुई हैं। आखिर यह क्या है ?"

नौकर ने उत्तर दिया, "महाराज, एक मूर्ति के लिए आप मुझे मृत्युदंड दे रहे थे। मैंने बाकी की मूर्तियाँ तोड़कर नौ लोगों के प्राण बचाए। जैसे मुझसे गलती हो गई, वैसे उनसे भी कभी न कभी गलती हो सकती है। और आप उन्हें भी मृत्युदंड दे देते। गलती इंसान से होती है, और निर्जीव चीजों का आज नहीं तो कल टूटना निश्चित है। मैं कितनी भी सावधानी बरतता, मूर्तियाँ टूट ही जातीं।" राजा को उसकी बात अच्छी लगी। उसने अपना आदेश वापस ले लिया और नौकर के प्राण बख्श दिए।

पाठ: सकारात्मक सोच और क्षमा से हम दूसरों को सहयोग कर सकते हैं और जीवन में बेहतर बदलाव ला सकते हैं।

दगाबाज मित्र से सावधान !

अरुण और तरुण दो गहरे मित्र थे। एक दिन वे जंगल में पिकनिक मनाने गए। दोनों को पिकनिक में बहुत आनंद आ रहा था और वे पिकनिक का खूब लुप्त उठा रहे थे। लेकिन अचानक एक घटना घटी - एक भालू उनकी ओर आ रहा था।

अरुण तुरंत पेड़ पर चढ़ गया, लेकिन तरुण को पेड़ पर चढ़ना नहीं आता था। उसने अरुण से मदद मांगी, लेकिन अरुण बस कहता रहा, "तुम जल्दी से पेड़ पर चढ़ जाओ।" तरुण ने पूरी कोशिश की, पर वह पेड़ पर चढ़ नहीं सका।

अचानक तरुण के दिमाग में एक युक्ति आई। उसने सांस रोक ली और जमीन पर लेट गया। भालू उसके पास आया! उसे सूंघा, एक चक्कर लगाया और फिर उसके कान के पास सूंघकर उसे मृतक समझकर चला गया।

अरुण पेड़ पर चढ़ा हुआ यह पूरा नजारा देख रहा था। जब भालू काफी दूर चला गया, तो अरुण पेड़ से उतर आया और तरुण को उठाने लगा, "भालू चला गया, उठ जाओ तरुण"। तरुण अभी भी सांस रोके लेटा हुआ था। थोड़ी देर बाद तरुण उठा तो अरुण ने उससे पूछा, "भालू तुम्हारे कान में क्या कह रहा था ?"

तरुण ने उत्तर दिया, "रहने दो अरुण, तुम सुनकर क्या करोगे।" लेकिन अरुण ने जोर दिया, "नहीं, नहीं, बताओ तरुण, आखिर भालू ने तुम्हारे कान में क्या कहा ?"

तुम बहुत जिद करते हो, तो सुनो, "भालू ने मुझसे कहा कि दगाबाज मित्र से हमेशा सावधान रहना चाहिए। क्योंकि एक धोखेबाज मित्र सौ शत्रुओं के बराबर होता है।" ऐसा कहकर वह चला गया।

यह सुनकर अरुण को अपने मित्र की मदद न करने का पछतावा हुआ। तरुण अब अरुण से सतर्क और सावधान हो गया।

पाठ: संकट में जो मित्र काम न आए, वह शत्रु से भी बड़ा शत्रु है। वह कभी आपका हितैषी नहीं हो सकता।

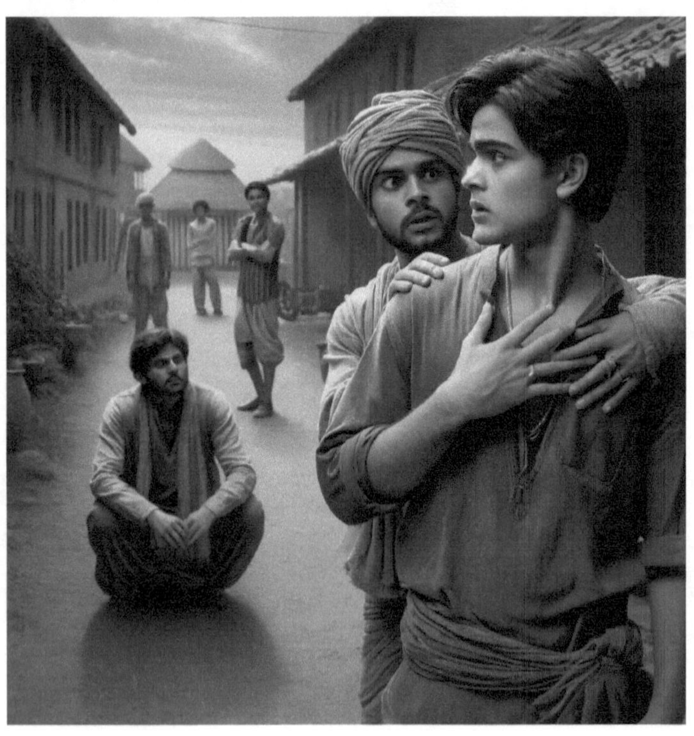

दिव्यांग को कम न आंकना !

गुजरात के राजा हरसुख शाह का राज्य बहुत समृद्ध और शांतिपूर्ण था। प्रजा को किसी भी तरह की तकलीफ नहीं थी और सबकुछ सामान्य रूप से चल रहा था। एक दिन, एक जौहरी अलग-अलग राज्यों में जाकर राजा को चुनौती देता था कि उसके पास एक नायाब हीरा है और अगर कोई व्यक्ति एक दिन में असली हीरे को पहचान लेगा, तो वह उसे इनाम में दे देगा। अन्यथा, उस राज्य को सौ सोने के सिक्के मुझे देने होंगे।

जौहरी ने कई राज्यों का भ्रमण कर सौ-सौ सोने के सिक्के जीत लिए थे और अब वह गुजरात के राजा के पास पहुँचा। उसने राजा हरसुख शाह को भी वही चुनौती दी। राजा ने यह चुनौती स्वीकार कर ली। एक दिन का अवसर मिला। अब हर बुद्धिमान, व्यापारी, आचार्य-प्राचार्य सभी लोग टेबल में रखे नायाब हीरे को तलाश रहे थे। किंतु सफलता किसी को नहीं मिली थी। जौहरी बहुत खुश था कि उसका हीरा भी सुरक्षित रहेगा और उसे सौ सोने के सिक्के भी मिल जाएंगे। दोनों हाथ में लड्डू जौहरी की तो बल्ले-बल्ले।

कुछ ही समय शेष बचा था, तभी वहाँ एक अंधा व्यक्ति अपने पुत्र के साथ आया और निवेदन किया कि उसे एक मौका दिया जाए, तो वह नायाब हीरे को पहचान लेगा। सभी लोग आश्चर्यचकित रह गए। जो काम आँख वाले बुद्धिमान लोग नहीं कर पाए, वह यह अंधा व्यक्ति कैसे कर पाएगा ? कुछ लोग हँसने लगे, कुछ ने समय बर्बाद करने का आरोप लगाया। लेकिन राजा ने उसके आत्मविश्वास को देखकर, उसे एक मौका देने का निर्णय लिया।

अंधा व्यक्ति टेबल के पास गया और एक-एक टुकड़ा हाथ में लेकर जाँचने लगा। उसने एक टुकड़ा उठाया और चेक करने के बाद अलग रख दिया। फिर दूसरा टुकड़ा उठाया और तुरंत

पहचान लिया कि यही नायाब हीरा है। सभी लोग देखते रह गए और जौहरी के पसीने छूट गए, क्योंकि अंधे व्यक्ति ने सही हीरे की पहचान कर ली थी।

राजा हरसुख शाह ने उससे पूछा, "तुमने इतने सारे टुकड़ों में से इस नायाब हीरे को कैसे पहचान लिया ?"

अंधे व्यक्ति ने उत्तर दिया, "महाराज, मैंने पहले एक टुकड़ा उठाकर हाथ से चेक किया था। वह काँच का टुकड़ा गरम लगा, जबकि यह टुकड़ा अधिक ठंडा महसूस हुआ। इससे मैंने अनुमान लगाया कि यही नायाब हीरा है।"

राजा उसकी इस बात से बहुत प्रसन्न हुए कि आज इस अंधे ने उनके राज्य की इज्जत बचा ली। उन्होंने उस अंधे व्यक्ति की बुद्धिमत्ता और अनुभव की सराहना की और उसे सौ स्वर्ण मुद्राएँ भेंट कीं।

पाठ: जरूरी नहीं कि सिर्फ बुद्धिमान और आँख वाले व्यक्ति ही परिपूर्ण हों। एक अंधा (सूरदास) व्यक्ति भी अपने अनुभव और तजुर्बे से सर्वश्रेष्ठ हो सकता है। उसका मजाक न उड़ाए, नहीं तो खुद का मजाक बन जाएगा।

राजा से बड़ा जानवर

चीन का राजा हूगांशू अपनी कठोरता और अनुशासन के लिए मशहूर था। उसकी नीति थी कि अगर कोई गलती करता, तो उसे पाँच खूंखार जंगली कुत्तों के सामने डाल दिया जाता था। कुछ ही समय बाद वे खूंखार कुत्ते उस व्यक्ति को काल के गाल में भेज देते थे। राजा की इस कठोरता के कारण कई नौकर डर के मारे काम छोड़कर दूसरे प्रदेशों में चले गए थे।

राजा के पास बीस वर्षों से काम करने वाला एक पुराना और ईमानदार नौकर था, जो उसका विश्वासपात्र भी था। एक दिन, उस नौकर से अचानक एक गलती हो गई। राजा ने क्रोधित होकर आदेश दिया कि उसे पाँच जंगली कुत्तों के पास छोड़ दिया जाए। नौकर ने हाथ जोड़कर निवेदन किया, "महाराज, मरने वालों की आखिरी इच्छा तो पूरी कर दीजिए।"

राजा ने पूछा, "कहो, क्या इच्छा है तुम्हारी ?"

नौकर ने कहा, "मैं इक्कीस दिन कुत्तों के साथ रहना चाहता हूँ, उसके बाद आप जो चाहें मेरे साथ करें।"

राजा ने उसकी इच्छा पूरी करने की स्वीकृति दे दी और सैनिकों को आदेश दिया कि इक्कीस दिन बाद उसे राजा के समक्ष प्रस्तुत किया जाए। नौकर ने इन इक्कीस दिनों में कुत्तों की सेवा करना शुरू कर दी। वह उन्हें नियमित रूप से खाना-पानी देता, नहलाता, साफ-सफाई करता और दवा भी देता। धीरे-धीरे कुत्ते उससे मित्रता करने लगे।

इक्कीस दिन बाद, नौकर को राजा के समक्ष लाया गया। राजा को याद था कि नौकर को कुत्तों के पास छोड़कर सजा देनी है। सभी लोग तमाशा देखने के लिए उपस्थित थे। सैनिकों ने

नौकर को कुत्तों के पास छोड़ दिया। लेकिन कुत्तों ने नौकर को सूंघा और उसके पैर चाटने लगे। नौकर ने कुत्तों को सहलाया और उनकी पीठ थप-थपाई। यह नजारा देखकर राजा और सभी लोग आश्चर्यचकित हो गए।

राजा ने नौकर से पूछा, "यह क्या चमत्कार है ? कुत्तों को तो तुम्हें मारना चाहिए था, लेकिन वे तुम्हारे प्रति स्नेह दिखा रहे हैं।"

नौकर ने नम्रता से उत्तर दिया, "महाराज, मैंने बीस वर्षों तक पूरी ईमानदारी और निष्ठा से आपकी सेवा की, उस सेवा का मुझे आज यह परिणाम मिल रहा है कि मेरी सिर्फ एक गलती पर मुझे कुत्तों से कटवाया जा रहा है। फिर मैंने आपसे इक्कीस दिन कुत्तों के साथ रहने की अनुमति मांगी, जो आपने दी। इन इक्कीस दिनों में, मैंने कुत्तों की पूरी ईमानदारी से सेवा की- उन्हें खाना-पानी दिया, साफ-सफाई की, और उनका ध्यान रखा। इसलिए वे मुझसे स्नेह करने लगे और मुझे कोई नुकसान नहीं पहुँचाया। जानवर होने के बावजूद वे मेरे प्रति वफादार हो गए और मेरे मित्र बन गए। लेकिन आप, इंसान होकर भी मेरी बीस वर्षों की जी हुजूरी को नजर अंदाज कर गए और शत्रुता का व्यवहार किया। यही कारण है कि आपके आधे से ज्यादा नौकर काम छोड़कर अन्य प्रदेशों में जा चुके हैं। कुत्ते जानवर होकर भी मित्रता निभा रहे हैं, और आप इंसान होकर भी ऐसा व्यवहार कर रहे हैं। यह आपको सोचना चाहिए।"

राजा को अपनी गलती का एहसास हुआ और उसने नौकर को मुक्त कर दिया।

पाठ: व्यक्ति को अपने क्रोध पर काबू पाना चाहिए और क्रोध में कोई भी निर्णय नहीं लेना चाहिए।

शॉर्टकट रास्ता दुःखदायी होता है !

चार मित्र थे जिन्हें गाँव से शहर रोजगार के लिए जाना था। रास्ते दो थे: एक जंगल से होकर, जो नजदीक था लेकिन वहाँ डाकू, जंगली जानवर और आतंकवादियों का खतरा था; दूसरा पहाड़ी रास्ता, जो लंबा और घुमावदार था। चारों दोस्तों ने अलग-अलग रास्तों का चयन किया। दो ने जंगल का रास्ता चुना और दो ने पहाड़ी रास्ता।

दोनों समूह एक साथ अपने-अपने मार्ग पर चल दिए। आधे घंटे के सफर के बाद, जंगल के रास्ते पर बम विस्फोट की आवाज आई। पहाड़ी रास्ते पर चल रहे दोस्तों ने सोचा कि आतंकवादियों ने विस्फोट किया होगा और उनके मित्र खतरे में होंगे। वे चिंतित होने के बावजूद अपनी गति से अपने लक्ष्य की ओर बढ़ते रहे और अंत में सुरक्षित रूप से शहर पहुँच गए।

शहर में, दोनों समूह ने एक सराय पर मिलने का तय किया था। पहाड़ी रास्ते वाले मित्र समय पर पहुंच गए लेकिन जंगल के रास्ते वाले मित्र नहीं पहुंचे। वे चिंतित होकर अपने दोस्तों का इंतजार कर रहे थे। तभी, दूसरा जत्था सराय में आया। पहाड़ी रास्ते वाले मित्रों ने उनसे पूछा, "आप लोग किस मार्ग से आए ?" उन्होंने उत्तर दिया, "हम लोग जंगल मार्ग से आए हैं।"

जत्थे के व्यक्तियों ने बताया कि जंगल मार्ग में आतंकवादियों द्वारा बम विस्फोट हुआ था। वे लोग उस विस्फोट से लगभग एक किलोमीटर पीछे थे इसलिए बच गए। लेकिन दो लोग इस हादसे में मारे गए, जिनमें एक ने लाल शर्ट और दूसरे ने नीली शर्ट पहनी थी। यह सुनकर पहाड़ी रास्ते वाले मित्रों को समझ में आ गया कि उनके दोस्त जो जंगल के रास्ते से आ रहे थे, वे ही इस हादसे में मारे गए हैं।

इस घटना ने पहाड़ी रास्ते वाले मित्रों को बहुत दुखी कर दिया। उन्होंने सोचा, "काश जंगल वाले समूह ने पहाड़ी रास्ता चुना होता, तो यह हादसा नहीं होता।" इस घटना से उन्हें सीख मिली कि जल्दी का काम शैतान का होता है। किसी भी कार्य को करते समय सावधानी, सतर्कता, और होशियारी से काम करना चाहिए। रास्ता भले ही लंबा हो, लेकिन सुरक्षित हो तो सफलता अवश्य मिलती है। नजदीक रास्ते की सफलता अस्थायी और असुरक्षित हो सकती है। निर्णय आपको करना है।

पाठ: नजदीकी रास्ते में कठिनाई, परेशानी और असुरक्षित असफलता की संभावनाएँ अधिक होती हैं। यदि सफलता मिल भी जाती है, तो वह स्थायी नहीं रहती। लंबा रास्ता सुरक्षित और स्थायी सफलता की गारंटी वाला होता है।

◄ "कहानी-संग्रह" ►

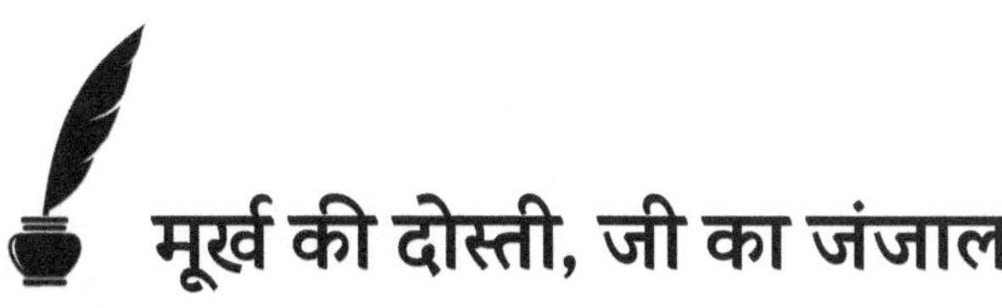

मूर्ख की दोस्ती, जी का जंजाल

विदर्भ के राजा विक्रम सिंह ने एक बंदर से दोस्ती कर ली थी। वह बंदर दिन-रात राजा के साथ ही रहता था। राजा उसको बहुत स्नेह करते थे। बंदर भी राजा की बहुत सेवा करता और राजा के कहे हर काम को इंसान की तरह करता। राजा और बंदर दोनों ही एक-दूसरे के साथ खुश थे।

यह बात सैनिकों और मंत्रियों को ठीक नहीं लगती थी, लेकिन राजा को यह कहने की हिम्मत किसी में नहीं थी। कई बार बंदर नुकसान भी करता था, जिसे राजा सहन कर लेते और उसकी गलती नजरअंदाज कर देते। ऐसा प्रतिदिन होता रहता था, जिससे बंदर की गलती करने की आदत बन गई थी।

एक दिन दोपहर में राजा साहब आराम कर रहे थे और उन्हें गहरी नींद लग गई थी। बंदर उन्हें पंखे से हवा कर रहा था। एक मच्छर बार-बार आकर राजा के शरीर पर बैठ जाता— कभी गाल पर, कभी नाक पर, कभी सिर पर। बंदर बार-बार उसे भगा देता, किन्तु मच्छर फिर लौट आता। मच्छर से बंदर बहुत परेशान हो गया था। जब मच्छर राजा के गर्दन पर आकर बैठ गया, तो बंदर अपना आपा खो बैठा। उसने राजा की तलवार निकाली और मच्छर को मारने के लिए तलवार राजा की गर्दन पर चला दी। मच्छर तो उड़ गया, लेकिन राजा की गर्दन धड़ से अलग हो गई। इस घटना से पूरे महल में हाहाकार मच गया और मातम छा गया।

इसलिए दोस्ती सोच-समझ कर करनी चाहिए, फिर चाहे वह जानवर हो या इंसान। मूर्ख से दोस्ती करना, जी का जंजाल बन सकता है।

पाठ: मूर्ख से दोस्ती नहीं करनी चाहिए, चाहे वह जानवर हो या इंसान। सोच-समझकर दोस्ती करनी चाहिए।है।

निर्बलता ही दुःख का कारण है !

जंगल में एक खतरनाक नाग रहता था। वह जंगल, गाँव और शहर के बीचों-बीच स्थित था। जब भी कोई राहगीर उस जंगल से गुजरता, वह खतरनाक नाग प्रतिदिन एक व्यक्ति को डस लेता था, जिससे उस व्यक्ति की तत्काल मृत्यु हो जाती थी।

गांव और शहर के लोग जंगल के नाग से बहुत त्रस्त थे। कई लोगों की मृत्यु हो चुकी थी। एक दिन, एक सिद्ध पुरुष संत का उस गाँव में आगमन हुआ। गाँव वालों ने संत महात्मा का यथोचित सम्मान किया और नाग के बारे में अपनी समस्या बताई। संत महात्मा ने गाँव वालों को आश्वासन दिया कि वे ऐसा उपाय करेंगे जिससे नाग किसी को नहीं काटेगा।

संत महात्मा उस जंगल गए। उन्होंने मंत्रोच्चार द्वारा नाग का सारा विष नष्ट कर दिया और नागराज को चेतावनी दी कि आज के बाद गाँव वालों और राहगीरों को नहीं डसना। नाग ने संत महात्मा की बात मान ली। संत महात्मा दूसरे नगर चले गए।

गाँव और शहर के लोग संत महात्मा के आश्वासन से निडर हो गए और जंगल के रास्ते से बेधड़क आवागमन करने लगे। कुछ शरारती लोग नाग को पत्थर और लाठी से मारने लगे। नाग ने संत महात्मा से कहा था कि वह किसी को डसेगा नहीं, इसलिए उसने कुछ नहीं किया। लोग नाग को यातनाएँ देने लगे जिससे उसकी हालत बहुत दयनीय हो गई।

कुछ माह पश्चात, वही संत महात्मा उसी जंगल से गुजर रहे थे। नाग से उनकी मुलाकात हो गई। नाग ने अपनी व्यथा संत महात्मा को बताई और अपने हालात के लिए संत महात्मा को दोषी ठहराया। संत महात्मा ने उसे साहस प्रदान किया और नागराज को समझाया, "मैंने तुम्हें उन्हें डसने से मना किया था, लेकिन तुम लोगों को फुसकार मारकर डराओ और अपनी आत्मरक्षा

करो। इसके लिए तुम स्वतंत्र हो।" नागराज को संत महात्मा की बात समझ में आ गई। अब जो भी व्यक्ति उसे क्षति पहुँचाने की कोशिश करता, नाग उसे फुसकारता। गाँव वाले उससे डरने लगे और नागराज खुश हो गया।

पाठ: ज्यादा सीधा होना व्यक्ति और जानवर दोनों के लिए दुःख का कारण बनता है। हर किसी को अपनी आत्मरक्षा का अधिकार है।

लालच बुरी बला !

खान्देश प्रदेश के राजा भीमसिंह भगवान की नित्य पूजा और वेदों का पाठ करते थे। वे भगवान से बार-बार प्रार्थना करते थे, "प्रभु, मैं आपकी दिन-रात सेवा करता हूँ। कृपया मेरी भी अर्जी सुन लिया करें।" कई वर्षों तक यह क्रम चलता रहा।

एक दिन भगवान उनकी भक्ति से प्रसन्न हो गए और राजा भीमसिंह को दर्शन दिए। भगवान ने कहा, "वत्स, मैं तुमसे प्रसन्न हूँ। मांगो, क्या वरदान मांगना है?"

राजा की खुशी का ठिकाना नहीं रहा। राजा ने कहा, "मैं जिस वस्तु को हाथ लगाऊँ, वह सोने की हो जाए।"

भगवान ने कहा, "एक बार और सोच लो।"

राजा ने उत्तर दिया, "हाँ प्रभु, मैंने सोच लिया है। मैं जिस चीज को छू लूँ, वह सोने की हो जाए।" भगवान ने आशीर्वाद देकर कहा, "तथास्तु," और अंतर्धान हो गए।

राजा ने जिस चीज को हाथ लगाया, वह चीज सोने की हो गई। सोफा, पलंग, दीवार घड़ी, गद्दा, तकिया—सारी चीजें सोने की होती जा रही थीं। राजा बहुत खुश हो रहा था। उसकी पुत्री दौड़कर आयी। राजा ने उसे हाथ लगाया और वह भी सोने की हो गई।

राजा को जोर की भूख लगी। नौकर ने खाना परोसा। राजा ने जैसे ही भोजन को हाथ लगाया, पूरी, सब्जी, खीर— सब सोने में तब्दील हो गए। अब राजा हैरान हो गया। पुत्री और भोजन सब सोने के हो गए थे।

राजा दु:खी हो गया। वह भगवान से प्रार्थना करने लगा और कहने लगा, "मुझसे गलती हो गई। मुझे माफ कर दो। मैं लालची हो गया था। मेरी पुत्री को जीवित कर दो। मुझे सोना नहीं

चाहिए।" भगवान पुन: प्रकट हुए। राजा भगवान के चरणों में गिर पड़ा। उसने अपनी भूल की क्षमा माँगी और निवेदन किया, "भगवान, फिर से सबकुछ जैसा था वैसा कर दो। मुझे आपकी भक्ति चाहिए।"

भगवान ने कहा, "तथास्तु," और सबकुछ पूर्ववत् हो गया। पुत्री जीवित हो गई और राजा खुश हो गया।

पाठ: लालची व्यक्ति जीवन में हमेशा दुःखी रहता है। लालच बुरी बला है।

जो होता है, वह अच्छा होता है !

पाटलिपुत्र के राजा दयानंद को शिकार का बहुत शौक था। वे हमेशा अपने मंत्री और चुनिंदा सैनिकों के साथ शिकार करने जंगल जाते थे। एक दिन राजा अपने ही हाथ से चाकू से फल काट रहे थे। दुर्भाग्यवश, फल की जगह चाकू से, राजा की एक उंगली कट गई। सैनिकों की भागमभाग में राजवैद्य को बुलाया गया। राजवैद्य ने इलाज कर खून बंद कर दिया, किंतु एक ऊंगली कट ही गई थी।

मंत्री महोदय आए और राजा से कहा, "जो हुआ, अच्छा हुआ।"

राजा मंत्री के इस कथन से क्रोधित हो गए। उन्होंने सोचा, "इसे सांत्वना देनी चाहिए, पर यह मंत्री जले पर नमक छिड़कने का काम कर रहा है।" राजा ने तत्काल सैनिकों को आदेश दिया, "मंत्री को कारागृह में शीघ्र डाल दिया जाए।" सैनिकों ने शीघ्र राजा के आदेशानुसार मंत्री को पकड़ कर कारागृह ले जाने लगे।

मंत्री ने पुन: कहा, "जो हो रहा है, अच्छा हो रहा है।" मंत्री के चेहरे पर पश्चाताप की कोई शिकन भी न थी।

राजा को भी ताज्जुब हुआ। "मैंने इसे बंदी बनाकर कारागृह में डाल दिया और इसके बाद भी यह कह रहा है, 'जो हुआ, अच्छा हुआ।'" कुछ दिनों बाद, राजा शिकार खेलने अपने कुछ सैनिकों को लेकर जंगल गए। मौसम खराब था। आंधी-तूफान चल रही थी। सैनिक और राजा एक दूसरे से बिछड़ गए। कुछ देर बाद मौसम ठीक हो गया। राजा रास्ता भटक गए थे। कुछ ही समय में भील समाज ने राजा को तलवार और भाले के साथ घेर लिया। "ऊलाला, ऊलाला" करते हुए राजा को बंदी बनाकर अपने कबीले के सरदार के समक्ष उपस्थित किया।

वहाँ राजा की बलि देने की तैयारी चल रही थी। आदिवासी पुरोहित ने राजा का मुआइना किया। पुरोहित ने देखा कि राजा की बायीं हाथ की एक उंगली कटी हुई है। पुरोहित ने कबीले के सरदार को समझाया, "इसका अंग भंग है। बायीं हाथ की एक उंगली नहीं है। यह बलि योग्य नहीं है।" यह सुनते ही राजा को अपने उस मंत्री की याद आई, जिसे उन्होंने कारागृह में कैद कर रखा था। कबीले के सरदार ने राजा को छोड़ने का आदेश दे दिया।

राजा की जान में जान आई, राजा अपने घोड़े पर बैठकर अपने महल की ओर निकल पड़े और कुछ समय बाद अपने महल पहुँच गए। उन्होंने महल में पहुँचते ही मंत्री को मुक्त करने का आदेश दे दिया। राजा ने उस मंत्री को कैद करने हेतु खेद व्यक्त किया।

इस पर मंत्री ने राजा का आभार व्यक्त करते हुए कहा, "नहीं, नहीं! आप क्षमा मत मांगिए, आज आपकी वजह से ही मेरी भी जान बच गयी।

"वो कैसे, मंत्री महोदय" राजा ने कहा।

मंत्री ने कहा, "मैंने आपकी उंगली कटने पर और मुझे कारागृह में बंद करने पर जो कहा था, 'जो हुआ, अच्छा हुआ।' आपकी ऊंगली कटी तो आप बलि से बच गए। मुझे कारावास में डाल दिया तो मैं भी बलि से बच गया। अगर मैं आपके साथ होता तो निश्चित ही मेरी बलि चढ़ाई जाती।"

इसलिए "जो होता है, अच्छे के लिए होता है।"" प्रभू जो भी करते हैं वह हमारे भले के लिए ही होता है।

पाठ: बुराई में भी अच्छाई छिपी होती है। हमें उसे समझने की जरूरत है। किसी को दोष देना गलत है।

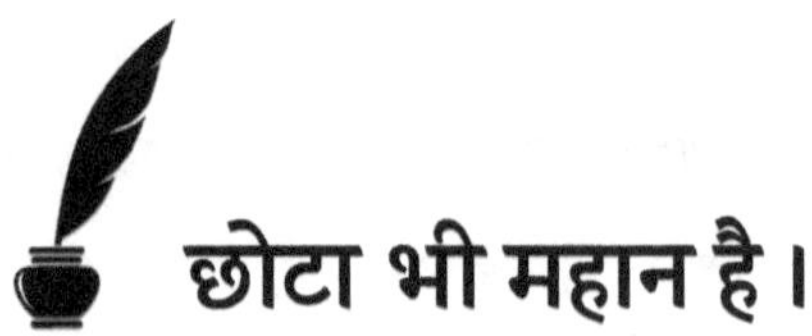

छोटा भी महान है।

एक बार जंगल का राजा शेर जंगल में घूम रहा था। उसे भूख लगी। उसके हाथ में एक चूहा आ गया। चूहे ने निवेदन किया, "आप जंगल के राजा हैं। मैं छोटा प्राणी हूँ। मुझे खाकर आपकी भूख शांत नहीं होगी। कृपया मुझे छोड़ दें। किसी दिन मैं आपके काम आऊँगा।"

शेर को अपनी ताकत पर बहुत घमंड था। उसे चूहे की बात अच्छी लगी और उस पर दया भी आई, तो उसने उसे छोड़ दिया।

कुछ दिनों बाद एक शिकारी जंगल में आया। उसने जाल बिछाकर शेर को पकड़ लिया। शेर जाल में बहुत उछल-कूद करता रहा, किंतु निकल नहीं पा रहा था। शिकारी वाहन लाने चला गया।

वह चूहा भी उसी रास्ते से गुजर रहा था, उसने शेर को जाल में देखा तो हैरान हो गया। जाल में फंसा शेर बहुत हैरान-परेशान था। यह देखकर चूहा पास आया और बोला, "शेर महाराज, आप चिंता मत करें। मैं अभी अपने मित्रों के साथ आकर यह जाल काटकर आपको आज़ाद करवाता हूँ।"

चूहा गया और अपने सारे चूहे मित्रों को शीघ्र ले आया। सभी ने मिलकर जाल काटकर शेर को तत्काल मुक्त कर दिया। शेर उसकी सहयोग भावना से देखकर बहुत प्रसन्न हुआ। उसे आज एहसास हो गया कि छोटे प्राणी भी बड़े जानवर की मदद कर सकते हैं। उसने चूहे को समय पर जीवनदान देकर बहुत अच्छा कार्य किया था। आज उसी ने अपने मित्रों की मदद से संकट में मेरे प्राण बचाए हैं। शेर ने सभी चूहों का धन्यवाद किया। सभी चूहे खुश होकर वहाँ से चले गए।

पाठ: कभी भी किसी को छोटा नहीं समझना चाहिए। छोटे प्राणी भी बड़े जानवरों की सहायता करने का जज्बा रखते हैं।

कर्म ही पूजा

आनंद ठेका कंपनी को रामनगर में पाँच कुएँ खोदने का ठेका मिल गया। ठेका मालिक ने मजदूरों को बुलाकर दो-दो मजदूरों के पाँच समूह बनाकर उन्हें एक सप्ताह में चिन्हित जगह पर पाँच कुएँ चालीस-चालीस फीट खोदने का आदेश देकर ठेकेदार चला गया।

मजदूर अपना-अपना दो-दो के समूह में कुआँ खुदाई के कार्य में लग गए। एक समूह में दो भाई नींव एवं शुभ थे। मेहनती, ईमानदार और ईश्वर पर आस्था रखने वाले इन दोनों ने पहले ईश्वर, फिर धरती माता की पूजा-प्रार्थना कर अपने कार्य में लग गए।

दूसरे समूह भी कार्य में लगे थे, पर उनका मन चंचल था। वे जमीन थोड़ी खोदते, फिर आराम करते, फिर खोदते और बात करने लगते। अन्य समूह भी ऐसा ही कर रहे थे। कभी चाय पीने चले जाते, कभी गुटका या बीड़ी पीने लग जाते। एक समूह तो बहुत ही विचलित था। वे प्रतिदिन हर कहीं पर भी गड्ढा खोद देते और जैसे ही पत्थर आने लगते, वे जगह बदलकर फिर से गड्ढा खोदने लगते। यह क्रम निरंतर चलता रहा।

दूसरी तरफ नींव एवं शुभ प्रतिदिन ईमानदारी से मेहनत कर कुआँ खोद रहे थे। छठे दिन दोनों भाइयों ने आखिरकार पूरा चालीस फीट कुआँ खोद दिया और उसमें पानी भी निकलना शुरू हो गया।

सातवें दिन ठेकेदार कार्य देखने आया। उसे तीन कुएँ अधूरे खुदे दिखे और एक समूह द्वारा जगह-जगह गड्ढे खुदते दिखे। एक जगह भीड़ दिखी, ठेकेदार वहाँ गया। देखा तो वहाँ कुआँ पूरी तरह खुदा था और उसमें पानी भी दिख रहा था। पूरा चालीस फीट गहरा कुआँ खुदा था। ठेकेदार नींव एवं शुभ के कार्य से बहुत प्रसन्न हुआ और उन्हें पूरे सप्ताह भर की मजदूरी दी। साथ में

दो-दो सौ रुपये इनाम के रूप में भी दिए। क्योंकि उन्होंने अपना कार्य ईमानदारी, मेहनत और एकाग्रता से किया, इसलिए उन्हें कामयाबी मिली और वे प्रशंसा के पात्र बने।

पाठ: जो ईमानदारी, मेहनत और एकाग्रता से कार्य करता है, ईश्वर उसकी मदद ज़रूर करते हैं। "कर्म ही पूजा है।"

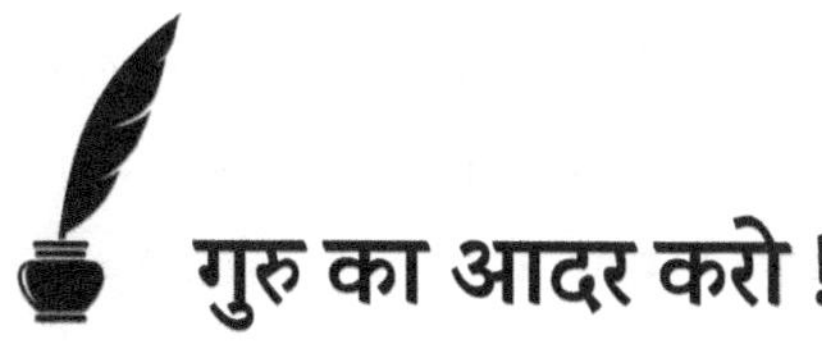

गुरु का आदर करो !

सीतापुर में परमानंद नाम के एक विख्यात गुरु रहते थे। वे अपने शिष्यों को प्रतिदिन कहानियाँ, प्रवचन, और अच्छी-अच्छी ज्ञान की बातें सिखाते थे। वे योग और दैनिक कार्यों में भी पारंगत करते थे। किन्तु एक शिष्य, रामानु बहुत उदंड और शरारती था। वह केवल दिखावे के लिए ऐसा कार्य करता, जिससे लगे कि वह गुरु का बहुत सम्मान करता है, परंतु वास्तव में वह सिर्फ दिखावा करता था।

एक दिन गुरुकुल में बहुत सारे विद्यार्थी और अन्य लोग इकट्ठे हुए थे। गुरु ने रामानु से कहा, "देखो बाहर बारिश हो रही है या नहीं।" एक बिल्ली हॉल में दाखिल हुई।

रामानु ने दूसरे शिष्य से कहा, "देखो, बिल्ली गीली है या सूखी है।"

शिष्य ने कहा, "सूखी है।"

रामानु ने गुरु से कहा, "गुरुजी, बारिश नहीं हो रही।"

कुछ देर बाद शाम होने वाली थी। गुरुजी ने रामानु से कहा, "हॉल में अंधेरा हो रहा है। लाइट चालू कर दो।" रामानु ने पुनः दूसरे शिष्य को आदेश दिया, "हॉल की लाइट चालू करो।" दूसरे शिष्य ने लाइट चालू कर दी।

रामानु ने गुरुजी से कहा, "गुरुदेव, हॉल की लाइट चालू हो गई।"

परमानंद गुरु, रामानु की यह सारी हरकतें देख रहे थे, किन्तु शांत थे। फिर गुरुजी ने रामानु को आदेश दिया, "वत्स, बाहर बछड़े घूम रहे हैं, उन्हें गोशाला में बांध दो।" रामानु का पारा सातवें आसमान पर हो गया और

उसने गुस्से में कहा, "गुरुदेव, दो काम मैंने किए हैं, एक काम आप कर लीजिए। बछड़े को आप ही बांध दो।" गुरुदेव उसका जवाब सुनकर दंग रह गए, किंतु उन्होंने चेहरे पर कोई गुस्सा प्रकट नहीं किया, उल्टा मुस्कुरा दिए। सभी शिष्य और उपस्थित लोग आश्चर्यचकित हो गए। रामानु ने गुरुदेव का अपमान किया, उसके बाद भी वे मुस्कुरा रहे हैं। उन्हें गुस्सा नहीं आ रहा है।

परमानंद गुरु ने मधुर स्वर में कहा, "आज रामानु की शिक्षा पूर्ण हो गई। उसने पूरी शिक्षा अच्छे से ग्रहण कर ली है। ऐसे होनहार और प्रतिभाशाली शिष्य को मेरी शुभकामनाएँ हैं, यह अभी अपने घर जा सकता है।"

वहाँ सभी लोग, शिष्य और उपस्थित लोग गुरुदेव के निर्णय पर दंग रह गए। रामानु को गुरुकुल आए कुछ ही दिन हुए थे, कई शिष्य वर्षों से गुरुकुल में थे और आज भी शिक्षा ग्रहण कर रहे थे। रामानु के बारे में यह कैसा निर्णय ? सभी असमंजस की स्थिति में थे।

रामानु ने भी आव-देखा न ताव, तुरंत अपना सामान समेट कर गुरुकुल से घर की ओर चल पड़ा। किंतु कई शिष्यों के मन में प्रश्न था कि रामानु की शिक्षा इतनी जल्दी कैसे पूरी हो गई। रामानु के गुरुकुल छोड़ने के बाद एक जिज्ञासु शिष्य ने हिम्मत कर गुरुदेव से पूछ ही लिया, "गुरुदेव, एक निवेदन है। उसे आए कुछ ही दिन हुए थे, उसकी शिक्षा कैसे पूरी हो गई और आपने उसे गुरुकुल छोड़ने का आदेश भी दे दिया।"

गुरुदेव ने सभी शिष्यों और लोगों को बहुत मधुर भाषा में समझाया, "वह गुरु से किस प्रकार पेश आ रहा था और गुरु का अपमान कर रहा था, यह आप लोग देख रहे थे। उसकी उदंडता बढ़ती जा रही थी। एक खराब मछली सारे तालाब को खराब करती है और यह असर आप लोगों पर न पड़े, इसलिए उसका गुरुकुल से जाना ज्यादा उचित था। अन्यथा आप लोगों का भविष्य खराब हो जाता।"

पाठ: गुरु का सदैव सम्मान और आदर करना चाहिए। जो बातें गुरु कहते हैं, वे आपके हित की होती हैं। गुरु के प्रति गलत भावना न व्यक्त करें। इससे आपके प्रगति का मार्ग प्रशस्त होता है।

सोच बदलों, नजारा बदलेगा।

जंगल में एक गर्भवती शेरनी ने एक शेर के बच्चे को जन्म दिया। बच्चा स्वस्थ और सुंदर था। गर्भ के दौरान असहनीय पीड़ा के बाद शेर के बच्चे को देखकर शेरनी की पीड़ा सुखद क्षण में बदल गई। परंतु कुछ समय बाद शेरनी की मृत्यु हो गई।

शेर का बच्चा चहल-कदमी कर रहा था। उसी जगह से भेड़ों का एक काफिला गुजरा तो शेर का बच्चा उस काफिले में शामिल हो गया। भेड़ों के साथ खेलना, घूमना और मादा भेड़ का दूध पीना उसकी आदतें और दिनचर्या बन गईं। वह यह भूल गया कि वह एक शेर है और अपने आपको भेड़ ही समझने लगा। जब कभी शेर दहाड़ लगाता, तो यह शेर भी भेड़ों की तरह भयभीत होकर इधर-उधर भागता। कहते हैं, जिसकी जैसी सोच होती है, वह वैसा ही बन जाता है। पॉज़िटिव सोचो, तो पॉज़िटिव होंगे; निगेटिव सोचो, तो निगेटिव होंगे। यह आपके सोच पर निर्भर करता है।

एक दिन फिर एक शेर आया और दहाड़ लगाई। सारे भेड़ भयभीत होकर भाग गए। शेर का बच्चा लड़खड़ा रहा था और भयभीत था। शेर ने कहा, "तू क्यों भयभीत है? तुझे भागने की कोई जरुरत नहीं है। तू शेर का बच्चा है, तुझे डरने और भागने की आवश्यकता नहीं है।" शेर, उस शेर के बच्चे को अपने साथ तालाब ले गया और उसने उसे तालाब में झाँकने को कहा। उसने स्वयं भी तालाब में झाँका और उसे समझाया, "तू शेर है। मेरी तरह तेरा भी शरीर शेर जैसा है। हम जंगल के राजा कहलाते हैं। वे भेड़ें हैं। उनकी और हमारी कोई बराबरी नहीं है। उनके साथ रहना छोड़ दो। अभी सारी आदतें उनकी जैसी हैं। मेरे साथ रहोगे तो तुम्हारी सारी आदतों में परिवर्तन आ जाएगा। आगे तुम्हारी मर्जी है।"

शेर के बच्चे को कुछ बातें समझ में आईं और कुछ नहीं आईं। वह फिर भेड़ों के झुंड में जाकर शामिल हो गया और भेड़ों को कहने लगा, "मैं शेर हूँ।" सभी भेड़ें उसकी हँसी उड़ाने लगीं और कहने लगीं, "तू भेड़ है। हमारे साथ रहता है, खाता है, पीता है, सारी आदतें हमारी जैसी हैं तो तू शेर कैसे हो सकता है ?" सभी भेड़ें हँसने लगीं और उसका उपहास करने लगीं।

शेर के बच्चे ने एक जोरदार दहाड़ लगाई। सारे भेड़ यहाँ-वहाँ भागने लगे। जो भेड़ें शेर के बच्चे को भेड़ समझ रही थीं, वे आश्चर्यचकित हो गईं। शेर के बच्चे को भी एहसास हो गया कि वह शेर है। उसे आनंद होने लगा और वह फूला न समाया। सकारात्मक सोच का यही नतीजा होता है।

पाठ: जैसा सोचोगे, वैसा रहोगे। हमेशा बड़ा सोचो, सकारात्मक सोचो और अपने लक्ष्य पर पूरा ध्यान रखो। सफलता अवश्य मिलेगी।

आलस्य तरक्की में बाधा है !

घने जंगल में गुरु धर्मानंद अपने शिष्य मंदराम के साथ रहते थे। गुरु धर्मानंद पूजा-पाठ, जप-तप, और ध्यान में लीन रहते थे। शिष्य मंदराम एक नंबर का आलसी था। उसे कोई भी बात बहुत देरी से समझ में आती थी। उनकी दिनचर्या ऐसे ही चल रही थी। मंदराम हमेशा सोचता कि उसके पास बहुत सारा पैसा, सोना आदि हो, तो उसे जंगल में रहने की कोई जरूरत नहीं रहेगी। वह सपना देखता कि उसे सुख-सुविधाएं मिलें, नौकर-चाकर उसकी सेवा करें। वह अपने सपने के बारे में अपने गुरु धर्मानंद से भी कहता।

एक दिन, जंगल में गुरु धर्मानंद का पैर एक पत्थर से टकराया और वे गिरते-गिरते बच गए। उन्होंने ध्यान से देखा तो पाया कि यह कोई साधारण पत्थर नहीं, बल्कि चमत्कारी पत्थर है। उन्होंने उस पत्थर से एक लोहे के टुकड़े को स्पर्श किया और वह लोहे का टुकड़ा तुरंत सोने में बदल गया। उन्हें समझते देर नहीं लगी कि यह "पारस पत्थर" है। वे अपनी झोपड़ी में लौटे और वहाँ मौजूद दो लोहे के टुकड़ों को मंदराम के सामने स्पर्श किया, वे भी सोने में बदल गए।

मंदराम को बहुत खुशी हुई। गुरु धर्मानंद ने मंदराम से कहा, "ये तीन सोने के टुकड़े सराफा बाजार में बेचकर बहुत सारा लोहा खरीद लाओ और उन्हें इस पारस पत्थर से सोना बना लो। तुम्हारा सपना साकार हो जाएगा। तुम्हें कल शाम तक का समय देता हूँ। जितना सोना बनाना हो, बना लेना। मैं आवश्यक कार्य हेतु जा रहा हूँ, यह पारस पत्थर यहीं है। ध्यान रहे, कल शाम तक का समय है।"

गुरु अपने आवश्यक कार्य हेतु प्रस्थान कर गए। मंदराम खुशी से उछलता रहा, पर समय बीतता गया। उसने सोचा, "शाम हो गई है, शहर दूर है, सुबह चला जाऊँगा।" शाम बीत गई,

रात बीत गई, और सुबह हो गई। मंदराम आराम से लेटा रहा और सोचा, "और थोड़ा आराम कर लेता हूँ, पूरा दिन है।" सुबह से दोपहर हो गई। वह उठा, मुँह हाथ धोये, स्नान किया और भोजन करने बैठ गया। भोजन के बाद पारस पत्थर से खेलने लग गया। काफी देर खेलने के बाद उसे नींद आ गई और वह सो गया। उसकी नींद इतनी गहरी थी कि वह सीधे शाम को ही उठा।

गुरु धर्मानंद अपने कुटिया में लौट आए और मंदराम को आवाज देकर उठाया। वह हड़बड़ी में उठ बैठा। गुरु ने पूछा, "मंदराम, तुमने कितना सोना बनाया ? और वह पारस पत्थर मेरे पास लाओ।"

मंदराम ने पारस पत्थर गुरु को सौंप दिया और कहा, "गुरुजी, आज तो मैं कुछ भी सोना नहीं बना पाया। कल अवश्य बहुत सारा सोना बनाऊँगा।"

गुरु ने कहा, "अवसर केवल एक बार मिलता है, और तुमने इस सुयोग्य अवसर का कोई लाभ नहीं उठाया। तुम्हारे भाग्य में बड़ा आदमी बनना नहीं है।"

मंदराम ने गुरु से बार-बार निवेदन किया, पर गुरु ने कहा, "जो आने वाले अवसर से लाभ नहीं उठाते, वे जीवन में कोई तरक्की नहीं करते। तुमने अपना सुयोग्य अवसर खो दिया।" और गुरु ने पारस पत्थर को अदृश्य कर दिया। गुरु को धन, सोना, चांदी का कोई लालच नहीं था, वे तो ईश्वर भक्ति में लीन रहते थे।

पाठ: आलस व्यक्ति को घेर लेता है। केवल सोच अच्छी होने से कार्य नहीं चलता। मेहनती, संघर्षशील और अवसर का लाभ उठाने वालों को ही सफलता प्राप्त होती है। अवसर का लाभ उठाने वाले को सफलता प्राप्त हो सकती है।

चतुर व्यापारी

व्यापारी करोडीमल अपने नौकर के साथ जयपुर से पचास ऊँटों का काफिला लेकर एक गाँव पहुँचे। उन्होंने निर्णय लिया कि वे आज रात इसी गाँव में रुकेंगे और सुबह होते ही शहर की ओर चल देंगे। उन्होंने नौकर को ऊँटों के चारा-पानी की व्यवस्था करने को कहा। नौकर ने ऊँटों को खूँटों से बाँध दिया, लेकिन एक खूँटा और रस्सी नहीं मिली।

नौकर ने व्यापारी को यह समस्या बताई। व्यापारी ने उसे सलाह दी कि वह ऊँट के गले में रस्सी पहनाने और खूँटे से बांधने का नाटक करे। व्यापारी ने कहा कि ऐसा करने से ऊँट को लगेगा कि वह बँध गया है और वह बैठ जाएगा।

व्यापारी के कहे अनुसार, नौकर ने वैसा ही किया। ऊँट को लगा कि वह खूँटे में बँध गया है, और वह बैठ गया। चारा-पानी की व्यवस्था करने के बाद नौकर होटल में जाकर भोजन करके ऊँटों की रखवाली करने आ गया। व्यापारी पहले ही भोजन कर होटल में आराम कर रहा था।

सुबह, नौकर जल्दी उठकर ऊँटों को खूँटे से खोलकर क्रमबद्ध तरीके से कतार में खड़ा करने लगा। उसने व्यापारी से कहा कि ऊँटों को खूँटे से खोल दिया है और वे कतार में खड़े हैं। व्यापारी ने कहा कि ऊँटों की गिनती पूरी कर मुझे बताओ कि पचास ऊँट पूरे हैं या नहीं। नौकर ने गिनती की और पाया कि उनचास ऊँट खड़े हैं, लेकिन एक ऊँट बैठा हुआ है और उठने को तैयार नहीं है। उसने व्यापारी को यह बताया।

व्यापारी ने नौकर को समझाया कि रात में जिस तरह से तुमने ऊँट को बाँधने का नाटक किया था, उसी तरह से उसे खोलने का भी नाटक करो। ऊँट को यह एहसास हो जाएगा कि उसे खूँटे से खोला गया है और वह उठ जाएगा।

नौकर ने वैसा ही किया और ऊँट को खूँटे से खोलने का नाटक किया। ऊँट को भी लगा कि उसे खूँटे से खोल दिया गया है, और वह भी कतार में खड़ा हो गया। नौकर ने इसकी सूचना व्यापारी को दी और ऊँटों का काफिला अगले स्थान के लिए प्रस्थान कर गया।

पाठः व्यक्ति और जानवरों की आदतों और व्यवहार को अच्छी तरह समझने पर वे आपके इशारों पर चल सकते हैं, जैसे सर्कस का शेर रिंग मास्टर के इशारों पर चलता है।

नादान जौहरी

एक कुम्हार अपने गधे को जंगल से अपने घर की ओर ले जा रहा था। गधे के गले में एक रस्सी थी, जिसमें एक धातुनुमा पत्थर और घंटी बंधी थी। घंटी की आवाज से राहगीर गधे की ओर आकर्षित होकर उसे बड़े ध्यान से देखते।

एक कंजूस जौहरी भी उसी रास्ते से जा रहा था। उसका ध्यान गधे की ओर गया और उसने धातुनुमा पत्थर पर ध्यान केंद्रित किया। उसे आभास हुआ कि गधे के गले में जो पत्थर है, वह "हीरा" है। उसने कुम्हार से पत्थर का मोल-तोल किया और कहा, "यह पत्थर मुझे दे दो, इसके बदले मैं तुम्हें पचास रुपये दूँगा।"

कुम्हार कहने लगा, "मैं सौ रुपये लूँगा, तो ही पत्थर दूँगा।" जौहरी ने कहा, "मूर्ख, मैं ज्यादा रुपये दे रहा हूँ। इससे ज्यादा कोई नहीं देगा।"

कुम्हार अपनी बात पर अड़ा रहा, "मुझे सौ रुपये चाहिए, वरना यह पत्थर नहीं बेचूँगा।" ऐसा कहकर वह गधे को लेकर शीघ्र आगे बढ़ गया।

आगे चलते हुए एक होटल के मालिक की निगाह गधे पर पड़ी। उसने भी ध्यान से देखा और उसे आभास हुआ कि यह कोई साधारण पत्थर नहीं है। उसने कुम्हार से बात की और एक हजार रुपये देकर पत्थर खरीद लिया। कुम्हार बहुत खुश हुआ। जौहरी जो मात्र पचास रुपये दे रहा था, मैंने केवल सौ रुपये मांगे थे। मुझे मूर्ख कह रहा था। होटल वाले ने खुद एक हजार रुपये में पत्थर खरीद लिया, मेरा फायदा ही फायदा हुआ।

कुम्हार गधे को लेकर आगे बढ़ा। जौहरी दौड़ता-दौड़ता कुम्हार के पास आया और कहने लगा, "ठीक है भाई, एक सौ रुपये देने को तैयार हूँ, वह पत्थर मुझे दे दो।"

कुम्हार ने कहा, "वह पत्थर एक होटल के मालिक ने एक हजार रुपये देकर मुझसे ले लिया। अब वह पत्थर मेरे पास नहीं है।"

जौहरी ने अपना सिर पीट लिया और कहा, "मूर्ख, वह 'हीरा' था।"

कुम्हार को भी गुस्सा आ गया, "मैं मूर्ख नहीं, अब तुम मूर्ख हो। हीरे के जौहरी होने के बावजूद उसे पत्थर कह रहे थे। उसका मूल्य मात्र पचास रुपये रखा था। मैंने तो केवल एक सौ रुपये मांगे थे। तुमसे तो अच्छा होटल मालिक निकला। मुझे बगैर मोल-भाव के एक हजार रुपये दे दिए। जौहरी तुम हो कि होटल का मालिक, खुद ही निर्णय कर लो। आया हुआ अवसर तुमने खुद गंवाया।"

मैं तो अनपढ़, गंवार कुम्हार हूँ, मुझे पत्थर और हीरे का क्या मोल ? मेरे लिए वह पत्थर था। मुझे अच्छी कीमत बगैर मांगे मिली, मैं खुश हूँ। लेकिन जौहरी दुखी था और पश्चाताप कर रहा था।

पाठ: समय पर सही चीज का मूल्य करो, वरना जौहरी की तरह लालच से अच्छा अवसर आपसे निकल जाएगा।

बड़ी सोच

एक बहुत ज्ञानी, अध्यात्मिक गुरु एक दिन नदी के किनारे स्नान के लिए गए थे। वहाँ उन्हें पानी में एक बिच्छू दिखाई दिया। संत ने सोचा कि यह बिच्छू नदी के प्रवाह में बह कर मर जाएगा। उन्होंने बिच्छू को बचाने के लिए उसे पानी से निकाल लिया। बिच्छू ने संत को डंक मारा और वापस पानी में चला गया। एक बार फिर संत ने उसे पानी से निकाला, लेकिन बिच्छू ने पुनः यही किया। यह क्रम कई बार-बार यूं ही चलता रहा, संत उसे पानी से बाहर निकलते और बिच्छू डंक मारकर पुनः पानी में चला जाता।

यह सब नजारा उनका एक शिष्य देख रहा था। उसने पास आकार कहा, "जब यह बिच्छू हर बार आपको काट लेता है तो आप अनावश्यक ही इसके प्राण बचाने में क्यों लगे हुए हैं।"

संत मुस्कराये और बोले, "जिस प्रकार मेरा कर्तव्य है सभी प्राणियों की रक्षा करना, उसी प्रकार इसका भी स्वभाव है डंक मारना। जब यह अपना कर्तव्य निभाना नहीं छोड़ सकता, तो भला मैं अपना धर्म निभाना कैसे छोड़ दूँ।"

अंततः संत जी का प्रयास सफल रहा। उन्होंने बिच्छू को पानी से निकालकर अलग कर ही दिया। उन्हें बिच्छू के प्राण बचाकर एक सुकून का एहसास हो रहा था कि उनके कर्तव्य का पालन करने से कुछ सकारात्मक हुआ है। नकारात्मक सोच की हार हो गई थी।

पाठः हमें हमारा धर्म हमेशा निभाना चाहिए, चाहे भले ही हमें उसके बदले थोड़ा कष्ट ही क्यों ना झेलना पड़े। जीत हमेशा उसकी होती है जो अच्छी और बड़ी सोच रखता है और सदैव अपने कार्य में प्रयासरत रहता है।

# मन के हारे हार, मन के जीते जीत

एक स्थान पर बहुत सी शक्कर गिरी थी। वहाँ चींटियों का झुंड शीघ्र आ गया और सभी चींटियाँ एक-एक शक्कर का दाना अपने मुँह में रखकर, उस स्थान से ऊँचे स्थान जा पर जाने लगीं। एक तो दाना उनके वजन से ज्यादा और ऊँचे स्थान पर ले जाना, यह मेहनत बड़ी मेहनत का कार्य है फिर भी वे अपना कार्य बड़ी तल्लीनता से कर रही थीं।

वहाँ एक शरारती बच्चा आया। और वह रेत उठाकर बार-बार चींटियों पर डाल देता। चींटियाँ शक्कर के कण के साथ ऊँचे स्थान से नीचे गिर जातीं, फिर भी बार-बार शक्कर का दाना मुँह में रखकर पुन: ऊँचे स्थान की ओर प्रस्थान करतीं। बच्चा वही हरकत बार-बार करता, चींटियाँ भी बार-बार गिर कर पुन: शक्कर का दाना मुँह में रखकर ऊँचे स्थान की ओर बढ़ती।

अंतत: वह शरारती बच्चा थककर वहाँ से चला गया और सारी चींटियाँ शक्कर के दाने अपने मुँह में रखकर ऊँचे स्थान तक पहुँचने में सफल हो गईं।

इंसान को चींटियों से सीख लेनी चाहिए। वह अपने से भारी दाना किस प्रकार ऊँचे से ऊँचे स्थान पर ले जाती हैं। बार-बार गिरती हैं, फिसलती हैं लेकिन फिर भी हार नहीं मानती। वे निरंतर प्रयास करती रहती हैं और सफलता पाकर ही दम लेती हैं। ऐसे ही व्यक्ति को भी अपने जीवन में हताश, निराश या अपना मनोबल गिरने नहीं देना चाहिए। हमेशा अपना प्रयास जारी रखें।

वो चींटियाँ होकर हिम्मत नहीं हार रहीं। आप इंसान होकर शीघ्र हार मान लेते हैं। असफलता का रोना रोते हैं और कहते हैं कि यह मुझसे नहीं होगा। इसीलिए आप आलोचना का शिकार

होते हैं। लोग फिर तुम्हें "धरती का बोझ" भी कहते हैं। जो युद्ध में गिरा वह हारा नहीं, किन्तु जो उठना ही न चाहे उसकी हार निश्चित है।

पाठः जीवन में हमेशा प्रयासरत रहें, असफलता से न डरें। चींटियाँ के जैसे ही बार-बार हारने के बाद भी पुनः पूरे जोश से अपना कार्य प्रारंभ करें। सफलता अवश्य मिलेगी।

# सच्चा मसीहा

सागर के करीब मछुआरों की एक बहुत बड़ी बस्ती थी। मछुआरे नाव द्वारा या अपने-अपने साधनों एवं समूह द्वारा प्रतिदिन मछलियाँ पकड़ने जाते थे। शाम होने से पहले मछलियाँ पकड़कर उन्हें बाजार में बेचना भी होता था। यही उन सबकी दिनचर्या थी।

उन मछुआरों की बस्ती में एक युवा मछुआरा संदीप बहुत सही समझा जाता था, मछलियों को पकड़ने में बहुत होशियार था, लोगों की मदद करने वाला था। प्रतिदिन सबसे ज्यादा मछलियाँ संदीप के जाल में ही आती थीं। कुछ ईश्वर एवं समुद्र देवताओं का चमत्कार और आशीर्वाद संदीप पर था। वह प्रतिदिन ज्यादा से ज्यादा मछलियाँ पकड़कर लाता था। कुछ परिवारों के लिए, कुछ बस्ती के बड़े, बुजुर्ग बच्चों के लिए भी वह मछलियाँ लेकर आता था, और कुछ मछलियाँ बाजार में बेचकर अपनी और अपने परिवार का खर्च भी चलाता था। बस्ती वाले संदीप का बहुत सम्मान करते थे, वह बस्ती का हीरो और मसीहा था। हर किसी की मदद बिना किसी स्वार्थ के करता था।

यह सिलसिला यूं ही चलता रहता, लेकिन एक दिन भी अगर संदीप को सागर से लौटने में देरी हो जाती, तो बस्ती वाले संदीप की चिंता करते, और उसकी राह देखते। और जैसे ही संदीप आता, उसके नाम के नारे लगाते- संदीप भैया, संदीप भैया। संदीप भी बस्ती वालों का प्यार और स्नेह पाकर बहुत खुश था।

किन्तु उसे एक चिंता हमेशा सताया करती थी। वह सोचता कि आधी बस्ती मेरे ऊपर ही निर्भर है। रोज मछलियाँ पकड़कर लाता हूँ और बस्ती वालों को देता हूँ ताकि उनकी भी रोजी-रोटी चले। लेकिन यदि मुझे कभी कुछ हो जाए तो वे अपनी दिनचर्या कैसे चलायेंगे? इनका क्या

होगा ? यह आलसी, एवं हमेशा बेरोजगारी वाला जीवन जियेंगे ? इनके जीवन में हमेशा गरीबी बनी रहेगी। यही सब सोच-सोचकर वह बहुत चिंतित था।

बस्ती वाले यह बात महसूस कर रहे थे। "हमारे संदीप भैया बहुत परेशान हैं।" बस्ती वालों ने संदीप से बात की और चिंता का कारण पूछा, "भैया, आप बहुत परेशान और चिंतित लगते हैं। बताइए, हमारे लायक कोई काम हो तो हम आपकी मदद करेंगे।"

संदीप ने उन्हें समझाया, "तुम मेरे परिवार का हिस्सा हो, तुम लोग मेरा अपना परिवार ही हो। मैं जो कुछ भी करता हूँ वह सब तुम्हारे लिए, अपने परिवार के लिए है। अगर किसी दिन मेरे साथ कोई अनहोनी हो जाये, तो तुम्हारा ख्याल कौन रखेगा ? यही चिंता मुझे सताती है। जो जीवन में आया है, उसे कभी न कभी इस दुनिया से जाना पड़ेगा। तो फिर तुम्हारा क्या होगा ?"

बस्ती वाले संदीप को समझाने लगे, "हमारे संदीप भैया को कुछ नहीं होगा। ईश्वर हमारे साथ न्याय करेगा। संदीप भैया हमारे मसीहा हैं।" और कुछ युवा कह रहे थे, "भैया, आपको हमारी उम्र लगे। आप हजार साल जियें।" एक और ने कहा, "अगर काल भी हमारे भैया को लेने आए तो, हम कहेंगे कि हमें ले चलें। और हमारे संदीप भैया को बस्ती की सेवा के लिए छोड़ दें।"

संदीप ने बस्ती वालों को उनके प्यार और स्नेह के लिए धन्यवाद दिया, और कहा, "आप लोगों की बातें बिल्कुल सही हैं। किन्तु सबको आत्मनिर्भर होना चाहिए। कल से तुम लोग दस-दस के समूह में मेरे साथ सागर में अपने-अपने साधनों के साथ चलो। मैं तुम्हें कुशल मछुहारा बनाऊंगा, ताकि तुम किसी पर भी निर्भर न रहो।" और इस सिलसिले की शुरुआत हो गई। संदीप ने हर युवा को एक कुशल मछुआरा बनाने में कोई कसर नहीं बाकी रखी, और सभी को अच्छी तरह प्रशिक्षित करके उन्हें निपुण बनाया। आज पूरी बस्ती आत्मनिर्भर हो गई है।

सभी संदीप भैया की सराहना कर रहे हैं। वह आज सच्चा 'मसीहा' साबित हो गए हैं।

पाठ: बिना स्वार्थ के विद्या सिखाकर युवाओं को आत्मनिर्भर बनाना, यह सबसे बड़ा पुण्य है।

झूठ का फल

नारायणपुर गाँव में एक चरवाहे का परिवार रहता था। उनका दस साल का लड़का अजय बहुत ही उदंड और शरारती प्रवृत्ति का था। पढ़ाई में उसका बिल्कुल मन नहीं लगता था। मुश्किल से ही तीसरी कक्षा तक की पढ़ाई पूरी कर पाया था। इसके बाद उसके पिता ने उसे गाँव के मवेशियों, बकरियों और भेड़ों को प्रतिदिन सुबह दस बजे जंगल में चरवाने का काम सौंप दिया था। शाम को मवेशियों को वापस लाकर उनके घरों तक छोड़ने का काम भी उसी का था।

उसके पास दस मवेशी थे, जिन्हें उसे हर शाम अहाते में बांधकर चारा और पानी देना होता था। यही उसकी रोज़ की दिनचर्या बन चुकी थी। वह हर सुबह मवेशियों को जंगल ले जाता और शाम को वापस गाँव लाता था, ये काम वह ठीक से कर लेता था।

एक दिन उसे शरारत सूझी। वह जोर-जोर से चिल्लाने लगा, "बचाओ! बचाओ! शेर आ गया है! मवेशी खा रहा है!"

गाँव वाले लाठी-डंडा लेकर जंगल की तरफ दौड़ पड़े। जंगल में सब मवेशी बड़े आराम से चर रहे थे। गाँव वालों ने अजय से पूछा, "कहाँ है, शेर?" अजय हँसने लगा। गाँव वाले समझ गए कि अजय ने मजाक किया है।

अजय ने दो-तीन बार ऐसा ही किया। जब गाँव वाले उसे और उसके मवेशियों को बचाने के लिए दौड़ते तो वह उनकी बहुत खिल्ली उड़ाता। उसे यह बहुत मजेदार लगता था। गाँव वाले अपना काम छोड़कर लाठी-डंडा लेकर दौड़ते, और पाते की अजय ने तो उनको बेवकूफ बनाया है।

एक दिन सचमुच ही जंगल में शेर आ गया। वह एक-एक करके सभी मवेशियों को घायल कर रहा था। अजय घबरा गया। उसने गाँव वालों को आवाज लगाई, "बचाओ! बचाओ! शेर आ गया है, मवेशी खा रहा है! जल्दी आओ!"

लेकिन गाँव वाले समझ चुके थे कि यह अजय की रोज़ की आदत है। किसी को भी यह यकीन नहीं हुआ कि सच में कोई शेर आया है। कोई भी गाँव वाला घर से बाहर नहीं निकला। अजय चिल्लाता ही रह गया।

बहुत देर तक चिल्लाने के बाद भी कोई मदद के लिए नहीं आया। आखिरकार, एक बहादुर व्यक्ति ने चिल्लाकर कहा, "सच में शेर आ गया है और सभी मवेशियों को खाए ले रहा है।" तब जाकर गाँव वाले लाठी-डंडा लेकर जंगल की तरफ दौड़े। मगर तब सभी मवेशी घायल हो चुके थे और कुछ मर भी गए थे। उस दिन चरवाहे के बेटे को अपनी गलती का एहसास हुआ।

पाठ: हमें हमेशा सच बोलना चाहिए। अगर हम हमेशा झूठ बोलेंगे तो लोग हम पर विश्वास करना छोड़ देंगे और मुश्किल समय में कोई हमारी मदद नहीं करेगा।

मिलावट का फल

एक ग्वाला गाँव से शहर जाकर दूध बेचता था। रास्ते में एक जंगल और नदी पड़ती थी। वह दूध में नदी का पानी मिलाकर प्रतिदिन ज्यादा मुनाफा कमाता था। उसका यह सिलसिला वर्षों चलता रहा। उस जंगल में कुछ बंदर भी रहते थे।

ग्वाले को प्रतिदिन सुबह गाँव से दूध साइकिल पर रखकर ले जाना होता था। जब वह दूध बेचकर वापस गाँव आता तो जंगल में थोड़ा आराम कर लिया करता था। यह क्रम प्रतिदिन चलता था।

त्यौहार के दिन दो केन की जगह उसने चार केन साइकिल में रखीं और शहर दूध बेचने निकल पड़ा। रास्ते में उसने दूध में नदी का पानी मिलाया और शहर पहुँच गया। दूध बेचा और पैसे लेकर घर की तरफ चल पड़ा। नदी के पास वाले जंगल में वह आराम करने के लिए पेड़ के नीचे लेट गया और उसकी नींद लग गई। वहाँ बंदर आ गए। बंदर ग्वाले के रुपयों की पोटली निकाल कर पेड़ पर चढ़ गए। उतने में ग्वाले की नींद खुल गई। उसे रुपयों की पोटली पेड़ पर चढ़े बंदर के पास दिखी।

बंदर ने रुपयों की पोटली खोली और एक-एक रुपया नीचे फेंकने लगा। आधे नोट पानी में बहकर दूर चले गए। और कुछ नोट जमीन पर गिरे थे, जिन्हें ग्वाले ने तुरंत उठा लिये।

आज ग्वाले को एहसास हुआ कि बेईमानी करने का क्या फल होता! आधा रुपया पानी में बह गया था और आधा ही उसके हाथ लगा। पानी का पैसा पानी में गया था और उसे नसीहत मिल गई थी। उसने दूध में पानी मिलाना बंद कर दिया।

पाठः एक-न-एक दिन पानी का रुपया, पानी में जाता है।

चतुर राजकुमार

राजा रामराजसिंह के पच्चीस पुत्र थे। एक दिन राजा के मन में विचार आया, "मैं वृद्ध हो रहा हूँ। इन पच्चीस युवा पुत्रों में से एक योग्य पुत्र को राजगद्दी सौंपकर मैं संन्यास ले और भगवान के ध्यान और तप में लग जाऊं।" उन्होंने अपने मंत्री से सलाह ली, जिसमें भी उन्हें समर्थन दिया और एक प्रतियोगिता आयोजित करने की सलाह दी।

मंत्री से बातचीत के बाद, राजा ने एक चुनौतीपूर्ण परीक्षा का आयोजन किया। राजमहल में उन्होंने राजकुमारों के लिए एक विशेष भोज का आयोजन किया, लेकिन उसमें एक शर्त थी - भोज के समय पचास कुत्ते भी मौजूद होंगे। राजकुमारों को उन कुत्तों से बचकर भोजन करना था। तैयारी पूरी हो गई थी। जब पच्चीसों राजकुमार भोजन के लिए कुर्सी पर बैठे, तो पचास कुत्ते भी छोड़ दिए गए। कुत्तों की आक्रामकता देखकर अधिकांश राजकुमार भयभीत हो गए और फिर वहाँ से भाग गये। उन्होंने खाना नहीं खाया।

केवल एक राजकुमार, कौशल बहुत शांत रहा। वह कुर्सी पर आराम से बैठकर एक हाथ से भोजन कर रहा था, जबकि दूसरे हाथ से वह सभी कुत्तों को भोजन करा रहा था। उसने अपना भोजन शांति से पूरा किया।

सभी राजकुमारों को राजमहल में बुलाया गया और उन्हें अपनी-अपनी बात रखने का मौका दिया गया। अधिकांश ने अपनी कमजोरियों को छिपाने के लिए सैनिकों पर दोष लगाना शुरू कर दिया। कोई कहने लगा व्यवस्था ठीक नहीं थी। कोई कहने लगा सैनिकों की लापरवाही थी। कोई कहने लगा नाकारे, कामचोर सैनिकों को बर्खास्त करना चाहिए। सभी अपनी-अपनी दलीलें दे रहे थे। किन्तु राजकुमार कौशल शांत बैठा रहा।

जब राजा ने उसे आयोजन पर कुछ बोलने के लिए कहा, तो उसने बहुत कम शब्दों में अपनी प्रतिक्रिया दी। उसने कहा, "सुंदर आयोजन हेतु धन्यवाद, आयोजन बहुत अच्छा था। सारी व्यवस्था अच्छी थी।"

मंत्री ने राजकुमार कौशल से पूछा, "आपके चौबीस राजकुमार भाई आयोजन की आलोचना कर रहे हैं। और आप उनसे बिल्कुल विपरीत बात कह रहे हैं।"

राजकुमार कौशल ने कहा, "यह उनकी अपनी निजी राय है। जब कोई सफलता प्राप्त नहीं करता, अपने आप से भयभीत रहता है। या कुछ नहीं कर पाता। तो वह दूसरों पर प्रत्यारोपण करता है। अपने आप में निडर, साहसी, दयालु और सक्रिय होना जरुरी है। तभी व्यक्ति उन्नति करता है।"

राजा ने सभी के विचार जानने के बाद राजकुमार कौशल को राजगद्दी की जिम्मेदारी सौंपी तथा यह भी हिदायत दी वह अपने राजकुमार भाईयों का ख्याल रखे। उन्हें भी सभी कार्यों में पारंगत बनाए।

पाठः *कभी भी अपनी कमी को नजरअंदाज करके, दूसरों पर दोष नहीं मढ़ना चाहिए।*

 ◂ *"कहानी-संग्रह"* ▸

पिता का दर्द

शुभेन्द्र मध्यवर्गीय परिवार से था। उसके दो पुत्र अखिल 20 वर्ष, निखिल 17 वर्ष एवं एक पुत्री अनामिका 18 वर्ष की थी। शुभेन्द्र रेलवे में टेक्नी के पद पर कार्यरत था। उसकी पत्नी सरिता धार्मिक व जिद्दी स्वभाव की थी। सरिता का उसी शहर में एक भाई पत्रकार था। समाज में अच्छी खासी पकड़ थी।

सरिता अपनी पुत्री के विवाह हेतु बहुत चिंतित थी। वह हमेशा अपने भाई एवं पति के पीछे पड़ी रहती, बेटी विवाह योग्य हो गयी है और आप लोगों को शादी की कोई चिंता नहीं। जबकि भाई एवं पति प्रयासरत थे। वे जगह-जगह विवाह हेतु बात चला रहे थे। वे जहाँ-जहाँ आते-जाते, वहाँ भी चर्चा करते।

इस बीच सरिता ने अपनी पुत्री अनामिका को मेंहदी, सिलाई, कढ़ाई, ब्यूटीपार्लर का कोर्स करवा दिया था। भाई के प्रयास से हरदा शहर में शादी का रिश्ता पक्का हो गया। होने वाला दामाद नगर निगम में बाबू के पद पर कार्यरत था। परिवार अच्छा संपन्न था। उनका हरदा में स्वयं का मकान वा कुछ खेती-बाड़ी थी। वे लोग भी दो भाई, एक बहन थे। बड़ा भाई एवं बहन विवाहित थी। छोटे बेटे दिनेश का विवाह अनामिका से तय हो गया। शादी में जो-जो माँगें वर पक्ष की थीं। उसके लिए शुभेन्द्र ने हामी भर ली। विवाह के मात्र दो माह बचे पत्नी सरिता ने कहा, "राशि का बंदोबस्त कैसे होगा, आपने उनकी सभी माँगें मान लीं।"

शुभेन्द्र ने कहा, "भगवान जरुर हमारी मदद करेगा। मेरा भगवान पर अटूट विश्वास है। तुम चिंता मत करो।"

सरिता ने कहा, "मैं, माँ हूँ। क्यू न चिंता करूँ ? एक तो घर की हालत ठीक नहीं दूसरी तुम्हें कहीं से कोई मदद की कोई गुंजाइश नहीं दिख रही। आपने तो जीवन भर लोगों की मदद की, सभी के लिए दौड़-दौड़ कर काम करते रहे। करो लोगों की मदद बहुत बड़े मदतगार बनते थे। आज कौन है जो तुम्हारी मदद करेगा ?"

शुभेन्द्र शिवजी का भक्त था। वह शिवजी की आराधना करने लगा। कुछ ऐसा चमत्कार हुआ। मित्र बीरेंद्र ने एक लाख की मदद की और कहा, "जब पैसा आ जाये तब दे देना।" मोहल्ले के ही भानु प्रताप ने तो ब्लेंक चेक रख दिया और कहा, "बताओ! कितनी राशि चाहिए।" शुभेन्द्र ने कहा- दो लाख! भानु प्रताप ने कहा, "क्या दो लाख में काम हो जायेगा ?"

शुभेन्द्र ने हामी भरी तीन लाख रु इक्कठा हो गये। उसी दौरान पर्सनल लोन का जो आवेदन दे रखा था। वह भी दो लाख मंजूर हो गया। पूरे परिवार की खुशी का ठिकाना नहीं रहा। वर-वधू दोनों पक्षों के रिश्तेदारों की खूब आवभगत हुयी और विवाह बहुत अच्छी तरह से सम्पन्न हुआ।

कुछ दिनों बाद अनामिका का बार-बार फोन आने लगा कि उसके सास-ससुर बहुत परेशान कर रहे हैं। मेरा मजाक उड़ाते हैं! मेरे हर काम में गलती निकालते हैं! बेटी का दुख सुनकर सरिता परेशान हो गयी।

उसने अपने भाई को खरी-खोटी सुनाना शुरु किया, तुमने मेरी बेटी की किस्मत फोड़ दी। उसे ससुराल में परेशानी है। ठीक घर नहीं बताया। शुभेन्द्र ने सरिता को समझाया, "इसमें भैया की कोई गलती नहीं है। यह शायद परेशानी का दौर बेटी के जीवन में है। सब ठीक हो जायेगा। अभी तो शुभेन्द्र का कर्ज भी अदा नहीं हुआ था कि इधर बेटी की परेशानी सुनकर और दुख हुआ। एक कहावत है कि चिंता, चिता का कार्य करती है। शुभेन्द्र उसी चिता में जल रहा था।

एक-दिन दोनों हरदा गये। अनामिका के सास-ससुर से बात की और उन्हें समझाया। गुस्से में सरिता ने कुछ ज्यादा ही बोल दिया था। शुभेन्द्र ने बात संभाली। अनामिका के सास-ससुर से कहा आप की भी बेटी है। उसे ससुराल में तकलीफ होगी तो क्या आपको दुःख नहीं होगा ? फिर शुभेन्द्र ने कहा, "हम बेटी के पिता हैं। हम दोनों से कुछ गलती हुई हो, तो हम क्षमा प्रार्थी हैं! हमें क्षमा कर देना। ऐसा कहकर ट्रेन से इटारसी आ गये।"

दामाद दिनेश वह हमेशा अनामिका के पक्ष में रहता था और अनामिका को समझता था। मेरे माँ-बाप कम पढ़े-लिखे हैं, सब ठीक हो जायेगा। समय का चक्र चला शुभेन्द्र का सारा कर्ज

कुछ माह में अदा हो गया। यहाँ अनामिका के सास-ससुर के स्वभाव-व्यवहार में भी परिवर्तन आ गया। दामाद दिनेश का प्रमोशन हो गया। बाबू से, हेड बाबू हो गया। दु:ख के बादल घट गये। खुशहाली ही खुशहाली दोनों पक्ष में आ गयी।

पाठ: पिता का दर्द हर कोई नहीं समझता। पिता लाख तकलीफें उठाने के बाद भी परिवार के लिए खुशहाली लाता है ताकि परिवार खुश रहे।

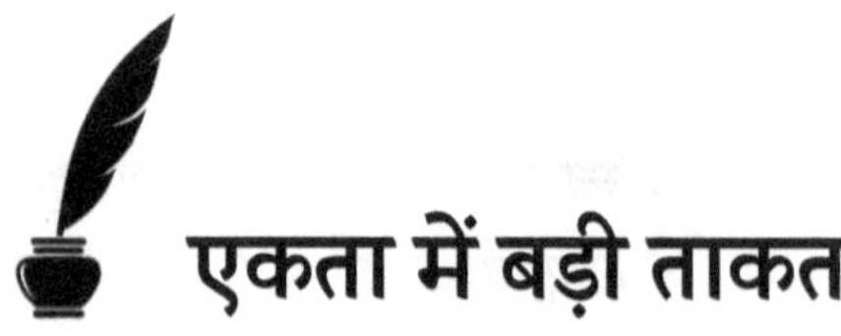

एकता में बड़ी ताकत

अंगूर गुच्छे में अच्छे लगते हैं। केले भी गुच्छे में ही अच्छे लगते हैं। गुच्छे से अलग होने से उनकी कीमत के साथ आकर्षण भी कम हो जाता है।

एकता में बहुत ताकत होती है। जो परिवार संयुक्त रूप से रह रहा है, उनकी समाज में एक अलग इज्जत होती है। संयुक्त परिवार में यदि दो सदस्य हुनरमंद (कुशल), ताकतवर, और बुद्धिमान हैं तो उनके बदले पूरे परिवार का मान-सम्मान होता है। और उनका कोई काम नहीं रुकता, कोई भी उनसे पंगा नहीं लेना चाहता। लोग कहते हैं, "अरे वो नेशनल खिलाड़ी ठाकुर का भतीजा है, जाने दो।" कोई कहता है, "बड़ा परिवार है। पाँच भाई हैं।" आदि-आदि बखान करते हैं।

और कोई उनके यहाँ शादी समारोह, त्यौहार का कार्यक्रम हो तो हर काम चुटकी में हो जाता है। हर कोई ऐसे संयुक्त परिवार से दोस्ती करने को तैयार रहता है। क्योंकि कोई भी मदद शीघ्र मिल जाती है।

एक शहर में यादव परिवार संयुक्त रूप से निवास कर रहा था। बड़ा परिवार - सात-सात भाई, उनकी पत्नियाँ, पुत्र-पुत्रियाँ, भांजा-भांजियाँ, दामाद-बेटी - सत्तर लोगों का कुटुंब इकट्ठा रहते थे। सबके कमरे अलग-अलग थे, किन्तु रसोई एक ही थी। सभी को समय-समय पर नाश्ता, दोपहर का भोजन, रात का भोजन बराबर मिलता था। साथ ही घर में नौकर-चाकर भी बहुत थे। क्योंकि शहर में दूध का बड़ा व्यापार, साथ ही घी, दही, पनीर का कारोबार अच्छा-खासा जमा था। किसी बात की कोई भी कमी नहीं थी। सब कुशहाल जीवन बीता रहे थे।

राजनीति में भी अच्छी पकड़ थी। सभी राजनीतिक पार्टी वाले उन्हें मान-सम्मान देते थे। क्योंकि एक भाई शहर का माना हुआ डॉक्टर, एक भाई पुलिस इंस्पेक्टर, एक भाई माना हुआ

वकील, एक पत्रकार और कुछ भाई दूध का व्यापार करते थे। अधिकांश घरों में दूध की बंदी इनकी ही थी। व्यवहार कुशल होने के साथ अहंकार से दूर थे।

एक बार एक राजनेता ने यादव बंधु से पंगा ले लिया, देख लेने की धमकी दे डाली। यह बात पार्टी हाईकमान को पता चली। उन्होंने राजनेता से कहा, "शीघ्र उनसे माफी मांगो और कहो गलती हो गयी।"

राजनेता अक्कड़ टाइप का था। उसने हाईकमान से कहा, "मैं माफी नहीं मांगूंगा।"

हाईकमान ने राजनेता को पार्टी से बर्खास्त कर दिया और यादव बंधु के पास अपना प्रतिनिधि भेजा। राजनेता की गलती पर खेद प्रकट किया और राजनेता के बर्खास्त की सूचना भी दी।

राजनेता की दो दुकानें थीं। नगर निगम ने अनियमितता का आरोप, आयकर विभाग ने टैक्स चोरी का आरोप लगाकर कड़ी कार्यवाही शुरू की। राजनेता पर मुसीबतों का पहाड़ ही टूट पड़ा और बहुत कुछ खोने के बाद अक्ल ठिकाने आई। और राजनेता को महसूस हो गया कि वास्तव में मुझसे भूल हो गयी।

राजनेता ने फिर जाकर यादव बंधु से माफी मांगी। अपने गलती पर शर्मिंदा हुए। यादव जी ने बड़ी उदारता से उन्हें माफ किया। गले लगाया। चाय-पानी से स्वागत किया। और कहा, "हमारे लायक कोई काम हो तो बताना।"

पाठ: संयुक्त परिवार बड़ा परिवार होता है। और वह चुनाव की दिशा-दशा बदलने की ताकत रखता है। उनके परिवार में दो-तीन हुनुरमंद व्यक्ति हों तो उनकी तूती बोलती है।

काम से नाम होता है।

नई कार अच्छे ठंडे शोरूम में, नई बाइक घर के आँगन में, नई नाव नदी के किनारे, नया हवाई जहाज एयरपोर्ट पर; खड़े अच्छे लगते हैं। किन्तु जब तक आप इनका इस्तेमाल नहीं करेंगे तब तक इनका कोई मोल नहीं। क्योंकि इनको उपयोग करने के लिए ही बनाया गया है, न कि शोभा बढ़ाने के लिए।

अगर यही चीजें एक जगह पर ही महीनों व वर्षों तक रखी रहेंगी। तो इन चीजों में जंग लगेगा, सुंदरता नष्ट हो जाएगी। केवल "शो पीस" बनकर रह जायेंगी, जिसका कोई सही मूल्य नहीं होता।

जिस तरह नदी का बहता पानी ही पीने योग्य रहता है। जहाँ वह रुक गया या अवरुद्ध हो गया तो वह जल पीने योग्य नहीं रहता। वह जल जल्दी ही दूषित हो जाएगा और उसमें असंख्य जीव-जंतु प्रवेश कर जाएंगे।

जिस तरह सुस्त बच्चा किसी को भी प्यारा नहीं लगता। चंचल, नटखट, शरारती बच्चा सबको अच्छा एवं प्यारा लगता है। सब कोई उसी को पसंद करते हैं।एक पुरानी कहावत है "चलती का नाम गाड़ी, रुकती का नाम खटारा"। जो बार-बार रुक जाए। बार-बार धक्का लगाना पड़े।

जीवन चलने का नाम है, चलते रहो सुबह-शाम इस गीत से भी हमें बोध होता है। जीवन में हमेशा निरंतर चलते रहें, बढ़ते रहें। अपना बेस्ट परफॉर्मेंस दें। अच्छी स्किल्स सिखें। किसी एक चीज में अवश्य निपुण हों। आपके परिवार, समाज, मोहल्ले और गाँव वालों को गर्व होगा, आपका नाम होगा।

जैसा क्रिकेट खिलाड़ी सचिन तेंदुलकर, एम.एस.धोनी, विराट कोहली, महानायक अमिताभ बच्चन, बॉक्सर एम.सी. मेरीकॉम, गायिका लता मंगेशकर, सिने अभिनेता राजकपूर, राजेश खन्ना, दारा सिंह ने नाम, शोहरत, इज्जत, पैसा कमाया।

आज भी लोगों के दिलों में ये हस्तियां कायम हैं। इन्होंने परिवार, समाज, देश के लिए बहुत कुछ दिया। विदेशों में इन्होंने भारत का झंडा लहराया है। भारत का मान बढ़ाया है।

पाठः जीवन चलने का नाम है, चलते रहो सुबह-शाम।

# नेकी का फल

इंदौर शहर में नरेंद्र और उनकी पत्नी जीनत निवास करते थे। उनकी खुद की बड़ी मॉल में दो सौ से ज्यादा दुकानें किराए पर चल रही थीं। बहुत खेती भी थी। दोनों ने आपसी सहमति से लव मैरिज कर ली थी। जीनत के परिवार वाले शादी के खिलाफ थे। किन्तु नरेंद्र के रुतबे, दौलत, कारोबार के आगे वह ज्यादा विरोध नहीं कर सके।

जीनत समय-समय पर अपने मायके वालों को आर्थिक मदद भी करती थी। जीनत के चार भाईयों को नरेंद्र ने मदद कर उनका अपना कारोबार खड़ा करवा दिया था। उनके निकाह में भी अच्छी खासी मदद की थी।

जीनत ने हिन्दू धर्म स्वेच्छा से स्वीकार कर लिया था और सारी रीति-रिवाज हिन्दू परंपरा भी सीख ली थी। नियमित पूजा-पाठ करना, आरती दोनों टाइम दिया बत्ती करना, समय-समय पर उपवास करना, होम-हवन आदि सब कार्य करती थी। इन सब में अपने पति नरेंद्र को भी शामिल करती थी। नरेंद्र के पास बड़ा कारोबार होने से समय नहीं रहता, तो जीनत प्यार से समझाती।

सब ठीक चल रहा था, किन्तु उनकी कोई संतान नहीं थी। इससे दोनों ही दुःखी रहते थे। जीनत बहुत पूजा-पाठ करती थी। उसने सोलह सोमवार का उद्यापन भी बड़ी निष्ठा से किया था। नरेंद्र के साथ जगह-जगह तीर्थ यात्राएँ की थीं। किन्तु उन्हें संतान नहीं हो रही थी। समय लगभग आठ वर्ष से ज्यादा हो गया था।

एक दिन नरेंद्र ने पहल की, "क्यों न हम तुम्हारे भाई का एक बच्चा गोद ले लें और उसे अच्छी परवरिश दें।" जीनत ने साफ विरोध किया और समझाया, "मेरे चारों भाईयों को तीन-तीन बच्चे

हैं। अगर किसी एक का बच्चा गोद लेते तो दूसरे नाराज हो जाएंगे। इसलिए हम अनाथ आश्रम से बच्चा गोद लेंगे।"

नरेंद्र को जीनत की बात उचित लगी और उन्होंने दूर-दराज जाकर एक दो वर्ष का बच्चा अनाथ आश्रम से कानूनी प्रक्रिया के तहत गोद ले लिया। अब उनकी जिंदगी और खुशहाल हो गयी। समय अच्छा बीतता गया।

बच्चे का नाम नीलेश रखा गया। बहुत से मेहमान रिश्तेदार आए। नीलेश के लिए अनगिनत तोहफे लाए, उन तोहफों से पूरा एक बड़ा कमरा भर गया। नीलेश सोलह वर्ष का हो गया था। मैट्रिक की परीक्षा में उत्तीर्ण हुआ।

घर में खुशी का माहौल था। कहते हैं खुशी और सुख ज्यादा समय तक नहीं रहते। अचानक जीनत की तबीयत खराब हो गयी। डॉक्टरों ने उसे बचाने में कोई कसर नहीं छोड़ी थी, किन्तु ऊपर वाले को कुछ और ही करिश्मा करना था। जीनत का लंबी बीमारी से निधन हो गया। नरेंद्र पर बहुत बड़ी मुसीबत आ गयी। बाप-बेटा दुःखी और उदास हो गए।

नरेंद्र का कारोबार में मन नहीं लग रहा था। वह हमेशा जीनत के फोटो के पास ही बैठा रहता था। एक दिन नरेंद्र के घर एक सिद्ध पुरुष का आगमन हुआ। उन्होंने नरेंद्र को समझाया, "जीवन एक खिलौना है। ऊपर वाले ने हमें किरदार के रूप में भेजा है। हमारा काम खत्म फिर हमें भगवान के पास जाना है। जो पैदा हुआ उसकी मृत्यु अटल है। किन्तु जीवन में अच्छे कार्य करना चाहिए। अच्छे कर्म ही व्यक्ति के साथ रहते हैं।"

गुरु का यथा उचित सम्मान कर उन्हें विदा किया। पुत्र नीलेश ने भी ग्रेजुएशन पूरा कर पिता के कारोबार में हाथ बटाना शुरु कर दिया।

नरेंद्र ने जगह-जगह अनाथ आश्रम, वृद्धाश्रम, निःशुल्क भोजनालय, कई मंदिरों का निर्माण करवाया। गर्मी में सार्वजनिक स्थान पर प्याऊँ खुलवाए। गौशाला में मवेशियों के चारे का इंतजाम करवाया। शिक्षा क्षेत्र में गरीब बच्चों को निःशुल्क कापी-किताब की व्यवस्था की।

नरेंद्र ने नीलेश की शादी बड़ी धूमधाम से की थी। सब ठीक चल रहा था। बहू ने सारा काम-काज अपने कब्जे में कर रखा था। नरेंद्र को भी कोई एतराज नहीं था। नरेंद्र पचासी साल के हो गए थे। उन्हें कम सुनाई देता था और शरीर भी साथ नहीं देता था।

बहू ने चालाकी से नरेंद्र को वृद्धाश्रम भिजवा दिया। नीलेश अपनी पत्नी के कहने पर पिताजी को वृद्धाश्रम छोड़ आया। पत्नी ने फिर नीलेश को वृद्धाश्रम भेजा और कहा, "बाबूजी से कहना कि आप बार-बार त्यौहार में भी यहाँ न आयें। आपको वृद्धाश्रम में ही रहना है।"

जब नीलेश वृद्धाश्रम गया तो वहाँ का मैनेजर नरेंद्र के चरणों पर बैठकर उनकी सेवा कर रहा था। यह देखकर नीलेश दंग रह गया।

निलेश ने मैनेजर से पूछा, "आप, मेरे पिताजी की इतनी सेवा क्यों कर रहे हैं?"

मैनेजर ने कहा, "आपके पिताजी देवता हैं। देवता बड़े घर से छोटे घर आए हैं। हम पर उनका बहुत उपकार है। तुम भी एक अनाथ थे। आज पत्नी के कहने से तुमने ही उन्हें अनाथ कर दिया। धिक्कार है! तुम जैसे पुत्र पर!! इन्होंने तुम्हारी परवरिश की, अच्छा खासा कारोबार सौंपा, आज तुमने इनका यह हाल किया। एक देवता का दिल दुखाया। भगवान तुम्हें कभी माफ नहीं करेंगे।"

नीलेश के होश उड़ गए। आँखों के सामने अंधेरा छा गया। उसे अपने किए पर बार-बार पश्चाताप हो रहा था। जिसने लाखों अनाथ, बेसहारा लोगों को सहारा दिया। आज मैंने उन्हें बेसहारा कर दिया। उन्हें तो हजारों लोग सहारा देंगे, वह मसीहा हैं। लेकिन मेरी पत्नी ने आज मुझे ही अनाथ बना दिया।

पाठ: अच्छा सोचो अच्छा करो, वरना समय बदलते देर नहीं लगती।

व्यापारी का हुनर

दो व्यापारी थे। एक का नाम केवलराम था, जो तीखी मिर्ची बेचने का व्यापार करता था। उसका स्वभाव उसके व्यापार के ठीक उल्टा था। व्यापार तो तीखी मिर्ची का करता, परंतु वह व्यवहार कुशल, मधुर वाणी, ग्राहकों को बातों से समझाने की कला, बातों से सब का मन मोह लेता। किसी भी क्षेत्र में व्यापार करने में निपुण था।

दूसरा व्यापारी हल्केराम था, जो मीठे शहद का व्यापार करता। इसके व्यापार से इसका स्वभाव बिल्कुल उलट था। व्यवहार बहुत तीखा, ग्राहकों से बात करने का सलीखा ठीक नहीं। हालाँकि दोनों व्यापारी एक-दूसरे के दोस्त थे। कोई भी जगह दोनों साथ जाते और अपना-अपना व्यापार कर साथ-साथ अपने-अपने घर लौट आते।

दोनों व्यापारी एक बार अपना-अपना माल लेकर बड़े शहर पहुँचकर धर्मशाला में रुके। सुबह दोनों अलग-अलग दिशा में अपना माल बेचने निकल गए। केवलराम ने भगवान को प्रणाम किया, पूजा की, उसके बाद ही वह निकला। हल्केराम जी जल्दी में था, वह जल्द निकल गया।

सुबह से शाम तक दोनों व्यापारियों ने गली-गली, मोहल्ले-मोहल्ले आवाज लगाकर अपना-अपना माल बेचने का कार्य किया। केवलराम का पूरा माल तीखी मिर्ची शीघ्र बिक गयी। हल्केराम का मीठा शहद कम मात्रा में बिका। दोनों व्यापारी शाम को व्यापार करके पुन: धर्मशाला लौट आये। शाम का भोजन धर्मशाला में कर पुन: अपने-अपने घरों के लिए रवाना हो गए।

केवलराम का पूरा माल अच्छे दामों में बिक गया था। उसे मुनाफा भी अच्छा हुआ था। हल्केराम का शहद कम बिका था। उसे मुनाफा भी कम हुआ था।

पाठ: व्यापार में सच्ची और अच्छी सोच रखें। अपने व्यवहार में कोमलता लाएं। ग्राहकों से हँसकर कर बात करें। ग्राहकों को समझें, क्योंकि एक व्यापारी के लिए ग्राहक भगवान होता है।

संगत का असर

रायपुर शहर में उच्च माध्यमिक विद्यालय में शिक्षक राधेश्याम दसवीं कक्षा के बच्चों को विज्ञान विषय पढ़ाते थे। शिक्षक सर्वगुण संपन्न थे। उनकी पढ़ाने की शैली मित्रता के साथ सादगीपूर्ण थी। वह इस ढंग से पढ़ाते थे कि विद्यार्थी को पढ़ाई एक खेल लगती थी। बीच-बीच में छोटी-छोटी शिक्षाप्रद कहानी या सामान्य ज्ञान संबंधी जानकारी भी देते थे। कभी-कभी विद्यार्थियों का पढ़ाई में मन नहीं लग रहा होता, तो कक्षा में अंताक्षरी की प्रतियोगिता रख देते।

उनके अच्छे व्यवहार और कार्य से विद्यालय में सभी विद्यार्थियों के चहेते बन गए थे। विद्यार्थियों में प्रिय हो गए थे। कोई भी विद्यार्थी अपनी समस्या उनसे शेयर करता। वे सब की समस्या सुनकर उचित मार्गदर्शन कर समस्या सुलझाने में मदद भी करते। छात्राएं भी अपनी समस्या बतातीं, वे उनकी समस्या हल करते। विद्यार्थियों में यह धारणा बन गई थी, "टीचर नहीं, यह हमारे मित्र हैं, सखा हैं।" संपूर्ण विद्यालय में उनका ही नाम चर्चा में था।

इस बात से दूसरे शिक्षक उनसे कुछ ईर्ष्या भी करने लगे। प्रधानाचार्य के भी राधेश्याम चहेते थे। क्योंकि उनके कार्य एवं व्यवहार से विद्यालय में विद्यार्थियों की संख्या बढ़ गई थी। परीक्षा के समय वह एक्स्ट्रा क्लास नि:शुल्क ले विद्यार्थियों को पढ़ाते थे। उन्हें रुपये-पैसे का कोई लालच नहीं था।

उनका एकमात्र उद्देश्य रहता था; विद्यार्थियों का भविष्य उज्ज्वल हो, हमारा विद्यार्थी गलतपथ पर न जाए, विद्यालय का नाम उज्ज्वल हो।

अब प्रति वर्ष विद्यालय का रिजल्ट पंचानवे प्रतिशत (95%) से ज्यादा ही रहता था। परंतु इस वर्ष एक होशियार विद्यार्थी सुमित दसवीं बोर्ड परीक्षा में अनुत्तीर्ण हो गया। सुमित डिप्रेशन में

चला गया। वह किसी से बात नहीं करता, अकेला गुमसुम रहने लगा। परिवार वाले भी चिंतित हो गए। राधेश्याम शिक्षक को भी उसके फेल होने पर दु:ख हुआ।

उन्होंने सुमित के बारे में जानकारी इकट्ठा की, तो एक छात्र ने शिक्षक को बताया: सुमित गलत विद्यार्थियों के साथ रहता था। पढ़ाई के प्रति गंभीर नहीं था। अति आत्मविश्वास में था। इसलिए वह अनुत्तीर्ण हुआ। यह जानकारी शिक्षक राधेश्याम को पता चली, तो उन्होंने एक विद्यार्थी के माध्यम से सुमित को अपने घर मिलने हेतु बुलावा भेजा। सुमित राधेश्याम शिक्षक को चाहता था। वह शाम को शिक्षक के घर, उनसे मिलने गया। शिक्षक को प्रणाम किया। शिक्षक ने कहा, "खुश हो।" वे काम कर रहे थे, टमाटर की टोकरी से अच्छे-अच्छे टमाटर निकालकर अलग टोकरी में रख रहे थे और खराब वाले अलग टोकरी में रख रहे थे।

शिक्षक यह कार्य करते देख सुमित ने पूछ ही लिया, "सर, आप यह क्या कार्य कर रहे हैं?"

राधेश्याम शिक्षक ने सुमित को टमाटर का उदाहरण देकर समझाया, "यह अच्छा टमाटर तुम हो सुमित, और यह खराब टमाटर तुम्हारे खराब कुछ मित्र हैं। जो दोनों को मैंने अलग-अलग किया, तो अब तुम खराब मित्रों से अलग हो। अब तुम्हें अपनी पढ़ाई पर पूरा फोकस करना है। गया हुआ वक्त भूल जाओ। जीवन में उतार-चढ़ाव आते हैं। दु:ख के बाद सुख आता है। तुम्हारे माँ-बाप को तुमसे बहुत उम्मीद है। तुम्हें उनके सपने साकार करने हैं। एक हार से हताश होकर नहीं बैठा जाता। तुम पुन: परीक्षा की तैयारी करो। मुझसे जो मदद चाहिए मैं करुंगा। मेरे पास प्रतिदिन एक घंटे आओ मैं तुम्हें पढ़ाऊँगा। अबकी बार तुम टॉप करोगे।"

सुमित को टीचर ने मोटीवेट किया। उसका भारी मन हल्का हुआ। वह पुन: अपनी पढ़ाई में लग गया। राधेश्याम टीचर के पास प्रतिदिन एक घंटा पढ़ने जाने लगा। अब उसका पूरा फोकस पढ़ाई पर था। दसवीं बोर्ड परीक्षा में सुमित ने टॉप किया व मेरिट में आया। उसको बहुत खुशी हुई। उसे अपने माँ-बाप के चरण स्पर्श किए। उनका आशीर्वाद लिया एवं टीचर राधेश्याम से भी मिला। उन्हें प्रणाम कर उनका आशीर्वाद प्राप्त किया। टीचर ने उसे गले लगाया।

पाठ: हार या अनुत्तीर्ण होने से जिंदगी नहीं थमती, पुन: प्रयास करना पड़ता है। जीत अवश्य मिलती है।

दैविय शक्ति

सोनपुर गाँव के कुएँ के पास दो भाई खेल रहे थे। बड़ा भाई रामू दस वर्ष का था और छोटा भाई श्यामू सात वर्ष का था। अचानक बड़ा भाई रामू कुएँ में गिरते हुए चिल्लाने लगा, "बचाओ! बचाओ!" छोटा भाई भी चिल्लाने लगा, "बचाओ! बचाओ! मेरा भाई कुएँ में गिर गया है!" कुएँ में अथाह पानी था। रामू हाथ-पैर चला रहा था।

दोनों भाइयों के चिल्लाने पर भी वहाँ उनकी मदद के लिए कोई नहीं आया। श्यामू ने देखा कि कोई भी सहयोग नहीं कर रहा है। उसने शीघ्र निर्णय लिया, "मैं खुद ही अपने भाई को बचाऊँगा!"

उसने कुएँ के समीप रखी रस्सी और बाल्टी को कुएँ में डालने से पहले, रस्सी का एक छोर कुएँ के करीब वाले पेड़ में बांध दिया। बाल्टी धिरनी (व्हील) में डाल दी और दोनों हाथों में रस्सी मजबूती से पकड़ ली। बाल्टी कुएँ में गयी। उसने शीघ्र अपने रामू भैया को आवाज लगाई, "भैया, बाल्टी अच्छी तरह पकड़ लो, मैं रस्सी ऊपर खींच रहा हूँ!" उसने जय माता के जयकारे लगाकर, पूरी ताकत से रस्सी खींचता रहा। कभी-कभी रस्सी उसके हाथ से खिसक जाती थी, पर श्यामू भयभीत नहीं हुआ। उसने अपना प्रयास जारी रखा और अंत में उसे सफलता मिल ही गयी। उसका बड़ा भाई रामू बाल्टी के सहारे ऊपर आ गया।

दोनों ही भाई एक-दूसरे के गले मिले। श्यामू अभी भी हांफ रहा था, क्योंकि उसका भाई बड़ा और वजन में भी ज्यादा था। श्यामू को बहुत मेहनत करके भैया को ऊपर निकालना पड़ा था।

यह सारा दृश्य वहाँ से कुछ दूरी पर बैठा एक बीमार वृद्ध व्यक्ति अपनी आँखों से देख रहा था। अब कुएँ के पास बहुत भीड़ जमा हो गयी और लोग पूछने लगे, "क्या हो गया था?"

श्यामू ने कहा, "भैया कुएँ में गिर गये थे। मैंने उन्हें बचाया।" किंतु लोगों को विश्वास ही नहीं हो रहा था कि छोटा बड़े को कैसे बचा सकता है। और श्यामू से कह रहे थे, "तुम झूठ बोल रहे हो।"

श्यामू वृद्ध व्यक्ति के पास इशारा करता है। उन्होंने सारा दृश्य देखा है। इस घटना की वृद्ध व्यक्ति पुष्टि करता है और कहता है, "श्यामू ने ही अकेले अपने बड़े भाई को बचाया है। वह सच बोल रहा है। तब लोगों को यकीन होता है। साथ ही आश्चर्य भी होता है।

कभी-कभी कोई काम असंभव लग रहा है, तो उसे पूरी शिद्दत और आत्मविश्वास से करो। दैवीय शक्ति आपको अवश्य मदद करेगी और असंभव कार्य आपके लिए संभव हो जाएगा।

पाठ: कोई भी असंभव कार्य पूरी शिद्दत, ताकत, आत्मविश्वास और मेहनत से करोगे तो कार्य आपके लिए संभव होगा और आपको सफलता अवश्य मिलेगी।

होड़ की दौड़

महाराष्ट्र के भुसावल शहर के सुदामा नगर में तीन परिवार निवास करते थे। एक पाटिल परिवार, जिसमें सखाराम पाटिल शिक्षा विभाग में शिक्षक थे। उनके परिवार में पत्नी अलका, पुत्री सुनंदा (आठ वर्ष), नंदा (छह वर्ष) और एक पुत्र सुनील रहते थे। पाटिल शिक्षक किराए के मकान में रहते थे।

पास ही नेहते परिवार निवास करता था। सदानंद नेहते नगरपालिका भुसावल में आर.आई. के पद पर कार्य करते थे। निर्माणाधीन मकान का सर्वेक्षण करना, मकान का नक्शा स्वीकृत करने के कार्य में आम लोगों से मोटी रकम भेंट स्वरूप प्रतिदिन मिलती थी। प्रति माह वेतन भी अच्छा खासा मिलता था।

तीसरा परिवार मिश्रा परिवार था। राधेकृष्ण मिश्रा का स्वयं का मकान सुदामा नगर में था। मिश्राजी के साथ उनकी पत्नी अंजली, एक पुत्र राहुल (आठ वर्ष) और एक पुत्री सोनाक्षी (पाँच वर्ष) थी। मकान काफी बड़ा था और मकान में दो गायें थीं। परिवार गौ-माता की सेवा नियमित रूप से करता था।

मिश्राजी दो मंदिरों का कार्य करते थे: प्रतिदिन पूजा-आरती करना। एक मंदिर माँ भवानी का था और दूसरा मंदिर शिवजी का। अच्छे स्थान पर होने के कारण फल, मिठाई, चढ़ोत्री अच्छी खासी आती थी, जो मिश्राजी को प्राप्त होती थी।

समय निकालकर वे लोगों की कुंडली, विवाह मुहूर्त निकालना, सत्य नारायण कथा, अनुष्ठान आदि का कार्य भी करते थे। उनके मन में कोई लालच नहीं था। भगवान की भक्ति-सेवा से जो प्राप्त हो रहा था, उससे वे पूरी तरह संतुष्ट थे। कोई भी कार्य पति-पत्नी आपसी सलाह-मशवरा कर योजनाबद्ध तरीके से करते थे।

नेहते परिवार ने जब टी.वी. खरीदा, तो पाटिल परिवार भी टी.वी. खरीदकर लाया। नेहते परिवार ने बाइक खरीदी, तो पाटिल परिवार ने भी बाइक खरीदी। दोनों परिवारों में एक-दूसरे के प्रति होड़ रहती थी। नेहते परिवार की अतिरिक्त मोटी कमाई के कारण उन्हें आर्थिक परेशानी नहीं होती थी। लेकिन पाटिल परिवार की मुश्किलें बढ़ जाती थीं।

ईमानदार शिक्षक पाटिल के सर पर कर्ज का बोझ चढ़ गया। दिन-रात पाटिल शिक्षक परेशान रहने लगे। साहूकार लोग घर आकर जलील करने लगे। कभी-कभी कीमती सामान तक साहूकार उठाकर ले जाते थे। इस सारी परेशानी से पाटिल शिक्षक तंग आ गए। एक दिन उन्होंने आत्महत्या कर ली।

एक अच्छा खासा परिवार, सुविधा की होड़ में बलि चढ़ गया।

नेहते जी का लोगों से ज्यादा रिश्वत मांगना, उनकी मुसीबत का कारण बना। किसी ने कलेक्टर महोदय और लोक आयुक्त में शिकायत कर दी। नेहते पर कड़ी कार्यवाही हुई। उन्हें रंगे हाथों लोक आयुक्त ने पकड़ा। प्रकरण कोर्ट में गया। सजा, जुर्माना के साथ नौकरी से भी बर्खास्त होना पड़ा।

मिश्रा जी का परिवार कभी किसी से होड़ नहीं करता था। आज भी मिश्राजी साइकिल से आया-जाया करते हैं। घर में रेडियो, टेपरिकार्डर बजते हैं, जिसमें भगवान के भक्ति गीत सुनाई देते हैं। जो मिला थोड़े में गुजारा करते हैं। जितनी चादर, उतने ही पैर फैलाए।

पाठः कभी किसी की होड़ नहीं करनी चाहिए, जो है उसी में संतुष्ट रहना चाहिए। अनैतिक तरीके से धन कमाना पाप है। कभी भी किसी से कर्ज नहीं लेना चाहिए।

भलाई

सोहन और मोहन दो भाई (किसान) थे। उनके पिता के देहांत के बाद उन्होंने पंचायत और आपसी सहमति से मकान और खेती का बँटवारा कर लिया था। एक-एक अच्छा बड़ा मकान सभी सुविधायुक्त और पाँच-पाँच एकड़ खेती, दोनों के हिस्से में आई थी। खेत एक-दूसरे से लगे थे। बीच में मेड़ बनाकर बाड़ बना ली थी। मकान भी एक-दूसरे लगे हुए थे।

सोहन बड़ा था, उसका विवाह हो गया था। पत्नी शीतल और दो पुत्रियाँ आकांक्षा (सात वर्ष) और आराध्या (पाँच वर्ष) की थीं। दोनों चंचल, नटखट और शरारती थीं। चाचा मोहन दोनों भतीजियों को बहुत चाहते थे। उनके लिए खिलौने, टॉफी आदि लाकर देते। भैया-भाभी के छोटे-मोटे कार्य में भी मदद करते। दोनों साथ खेत में कार्य करने जाते, साथ वापस शाम को लौटते।

दोनों में एक-दूसरे के प्रति अटूट स्नेह की भावना थी। दोनों ही एक-दूसरे की मदद के लिए हमेशा तत्पर रहते।

एक बार खेत में गेहूँ की पैदावार बहुत अधिक हो गई। दोनों ने अपने-अपने खेत में शेडयुक्त खलिहान बड़े रूप में बना लिया था। खेती के सामान से लेकर उठने-बैठने और सोने की तक व्यवस्था थी। यहाँ सभी जरूरी सुविधाएं उपलब्ध थीं।

दोनों ने गेहूँ की बोरियाँ अपने-अपने शेडयुक्त खलिहान में जमाकर रख दी। बड़ा भाई सोहन खाना खाने घर गया। छोटे भाई मोहन को बोल गया, "ख्याल रखना, मैं भोजन करके आ रहा हूँ।"

"हाँ भैया, आप बेफिक्र जाइए। मैं देख लूँगा।"

सोहन भोजन हेतु अपने घर गया। यहाँ मोहन के मन में विचार आया, "बड़े भाई का विवाह हो गया है। भाभी और दो भतीजियाँ हैं। भैया का खर्च ज्यादा है। मुझे भैया की मदद करनी चाहिए।"

मोहन ने स्वयं चुपचाप एक-एक करके दस बोरी बड़े भाई के शेडयुक्त खलिहान में रख दी। और मदद करने पर उसे आत्मसंतोष हो रहा था। भाई को पता भी नहीं चला और मदद भी हो गई।

सोहन भोजन करके लौटा। मोहन ने कहा, "भैया, मैं भी घर जाकर भोजन करके आता हूँ, आप देखना।"

सोहन ने हामी भरी। मोहन भोजन करने के लिए घर रवाना हो गया।

सोहन ने विचार किया, "मेरा सबकुछ ठीक चल रहा है। विवाह हो गया। सुशील पत्नी है। दो सुंदर पुत्रियाँ हैं। और इस बार गेहूँ की फसल भी बंपर हुई है। छोटे भाई का विवाह होना है। उसकी मुझे मदद करनी चाहिए। वो मुँह से तो कुछ बोलेगा नहीं, स्वाभिमानी है।"

सोहन ने शीघ्रता से एक-एक बोरी कर दस बोरी मोहन के शेडयुक्त खलिहान में रख दीं। किसी को कुछ नहीं पता चला। सोहन को खुशी हो रही थी। उसने मोहन की आज मदद की थी।

मोहन भोजन कर वापस अपने खेत पर आ गया। दोनों भाइयों के चेहरे पर खुशी के भाव थे। दोनों संतुष्ट थे। शाम को दोनों एक साथ अपने-अपने घर लौट आये।

पाठ: आत्मसंतुष्टि और सकारात्मक सोच सबसे बड़ा सुख है।

जहाँ चाह, वहाँ राह

"जहाँ चाह, वहाँ राह" पुरुष, महिला या ट्रांसजेंडर (किन्नर) कोई भी हो; अगर मन में उमंग, इच्छाशक्ति और अटूट आत्मविश्वास हो तो कोई भी कितनी भी आलोचना, निंदा, व्यंग्य करे, आपको रोक नहीं सकता। यदि आपने अपना लक्ष्य निर्धारित कर लिया है तो थोड़े समय के लिए आप विचलित हो सकते हैं, मार्ग कुछ समय के लिए अवरुद्ध हो सकता है, जैसा ट्रैफिक जाम होता है। पुन: मार्ग शुरू होता है, वैसे ही आपके जीवन में होगा। हताश और हतोत्साहित नहीं होना। पूरी शक्ति से अपने कार्य पर लगे रहो, सफलता अवश्य मिलेगी। किंतु आपके प्रयास में कोई कमी नहीं होनी चाहिए।

किन्नर को समाज हीन दृष्टि से देखता है, किन्तु उन्होंने भी इतिहास रच दिया। महाराष्ट्र में किन्नर लता शर्मा (परिवर्तित नाम) ने बहुत जिल्लत की जिंदगी जीने के बाद भी कानून की पढ़ाई पूरी की और आज एक सफल वकील (एडवोकेट) के रूप में कोर्ट में कार्य कर रही हैं। जिस समाज ने उपेक्षा की थी, उसी समाज को कोर्ट द्वारा न्याय दिलाने का कार्य कर रही हैं।

ऐसी ही मुंबई की किन्नर रजनी बाला (परिवर्तित नाम) ने एक एन.जी.ओ. में कार्य किया। महिला, सेक्स वर्कर, पीड़ित महिलाओं की मदद करने का कार्य किया। एक पाँच साल की बच्ची को गोद लिया, जिसमें कई तरह की कानूनी बाधाएँ आईं। कानूनी प्रक्रिया के तहत बच्ची को गोद लिया और उसके लिए लालन-पालन, पढ़ाई, सारी मूलभूत सुविधाओं की व्यवस्था की। दुनिया के ताने न सुनने पड़ें, इसलिए बच्ची को होस्टल में रखकर अच्छी शिक्षा दी जा रही है। समाज सेवा, नृत्य, बॉलीवुड में भी नाम हो गया। और किन्नर पर एक फिल्म बनने का कार्य हो रहा है, जो शीघ्र ही रिलीज होगी।

आज भी कई किन्नर हैं, जो खुद की उपेक्षा और निंदा सहकर अपनी मंजिल प्राप्त कर चुके हैं। हमारे थर्ड जेंडर समाज में भी कई कुशल फोटोग्राफर, वकील (एडवोकेट), विधायक, मेयर, पार्षद, पुलिस जैसे विभिन्न पदों पर विभूषित हैं। खुद पर 'दाग' लगा पर परिवार पर 'दाग' नहीं लगने दिया। परिवार से दूर रहकर अपने पैरों पर खड़े होकर परिवार और समाज की मदद कर रहे हैं।

पाठ: ''जहाँ चाह, वहाँ राह''! यदि दृढ़ इच्छा शक्ति, आत्मविश्वास और उमंग जीवन में हों, तो कोई भी काम आपके लिए मुश्किल नहीं है।

सेनापति की कुशलता

उत्तराखंड प्रदेश के राजा वीर प्रताप सिंह ने अपने हाथी के बल पर कई युद्ध जीते थे। वह हाथी राजा का प्रिय था और उसके खाने-पीने के लिए विशेष प्रबंध किए गए थे। उसकी देखभाल के लिए सैनिक भी तैनात थे।

एक बार, महावत उसे राजा की अनुमति से जंगल घुमाने ले गए। जगह-जगह पेड़ों की पत्तियाँ खाकर हाथी आगे बढ़ रहा था। अचानक, वह गहरी खाई में गिर कर बुरी तरह फंस गया। कई प्रयासों के बावजूद हाथी बाहर नहीं निकल पा रहा था, और जितना अधिक वह प्रयास करता, उतना ही अधिक खाई में फंसता जा रहा था। राजा को हाथी के बारे में तुरंत सूचित किया गया।

राजा ने आदेश दिया कि कुछ भी हो जाए, हाथी को बाहर निकाला जाए। बहुत सारे सैनिक और जानकार इकट्ठा हो गए, किंतु किसी का भी प्रयास काम नहीं कर रहा था। सब चिंतित हो रहे थे।

उसी रास्ते से एक सेनापति की टुकड़ी अपने सैनिकों के साथ दूसरे रास्ते जा रही थी। वहाँ उन्होंने बहुत भीड़ और सैनिकों का जमावड़ा देखा तो सेनापति ने पूछा, "क्या बात है।"

एक सैनिक ने कहा, "हमारे राजा का प्रिय हाथी खाई में गिर गया है। बहुत प्रयास करने के बाद भी वह नहीं निकल रहा है, इसलिए हम सब चिंतित हैं।"

सेनापति बड़ा कुशल, चतुर, और चालाक था। उसने कहा, "मैं हाथी को खाई से निकाल सकता हूँ।"

उत्तराखंड के महामंत्री ने कहा, "हम आपके आभारी रहेंगे। राजा आपको बहुत इनाम भी देंगे।" सेनापति ने हाथी के बारे में पूरी जानकारी प्राप्त कर ली थी कि यह युद्ध का हाथी है।

उसने उत्तराखंड महामंत्री को कहा, "यहाँ युद्ध का माहौल बनाओ।" युद्ध की तैयारी में शस्त्र, तलवार, और भाले में धार लगाने का कार्य शुरू हो गया। सैनिकों द्वारा जयघोष के नारे लगने लगे। घोड़े दौड़ने लगे और सैनिक भी दौड़ने लगे। पूर्णरूप से युद्ध का माहौल तैयार हो गया।

हाथी में भी पूरी तरह जोश आ गया। उसे लगा कि युद्ध में राजा को मेरी सख्त जरूरत होगी। मुझे हर हाल में राजा के पास जाना चाहिए। उसने पूरी ताकत लगाकर खाई से बाहर निकलने का प्रयास किया और तेजी से बाहर आकर सीधे राजमहल पहुँच गया।

सेनापति की चालाकी और चतुराई की सबने प्रशंसा की और उसका सम्मान कर उसे उचित इनाम देकर विदा किया गया।

पाठ: जो जिस कार्य में निपुण है, उसी में उससे सहयोग लेना चाहिए। इससे आपका कार्य उत्कृष्ट होगा।

सफलता का शिखर

रवि शर्मा (परिवर्तित नाम) एक ट्रेन हादसे में अपने दोनों पैर, एक हाथ और दूसरे हाथ की दो उंगलियाँ खो चुके थे। उनके हाथ में केवल तीन उंगलियाँ बची थीं। रवि ने कभी किसी समस्या को अपनी सफलता के बीच नहीं आने दिया। कहावत है "प्रतिभा किसी की मोहताज नहीं होती, वह खुद एक सरताज होती है।" रवि ने अपनी विकलांगता को कभी अपनी कमजोरी नहीं माना। उनका हमेशा मेहनत और पढ़ाई पर फोकस रहता था। उन्होंने यूपीएससी (UPSC) में सफलता प्राप्त की। वह जिस मुकाम पर आज है पहुँचे उसके लिए उनकी कड़ी मेहनत का अनुमान लगाना मुश्किल है।

आज रवि शर्मा देश के उन सभी शिक्षित बेरोजगार लोगों के लिए एक मिसाल बन गए हैं, जिनके पास कुछ न करने के बहाने होते हैं। देश के युवा, रवि शर्मा से जरूर प्रेरित होंगे और अपने सपनों को साकार करने के लिए कड़ी मेहनत करेंगे। रवि शर्मा ने बहुत कुछ खोकर भी हिम्मत नहीं हारी। उन्हें खुद पर भरोसा और विश्वास था, साथ ही भगवान में आस्था और निष्ठा भी थी।

"पंखों से नहीं हौसलों से उड़ान होती है।" यदि आप खरगोश नहीं बन सकते, तो कछुआ बनने में कोई बुराई नहीं। कछुओं की भी जीत होती है।

आज भी हमारे भारत में कई दिव्यांग अपने व्यापार द्वारा हजारों बेरोजगारों को अपने व्यापार, कंपनी में काम दे रहे हैं। आज उनके कंपनी का प्रतिवर्ष का टर्नओवर लाखों-करोड़ों में जा रहा है। दिव्यांग होने पर वे किसी पर बोझ नहीं हैं। अपने परिवार के साथ-साथ हजारों बेरोजगारों के जीवन में प्रगति और उन्नति की रोशनी जलाई है। उन्हें आत्मनिर्भर बनाने का कार्य किया है।

यदि शरीर से कमजोर हो तो मन से कभी भी कमजोर मत होना। मन मजबूत रहा तो आपकी जीत निश्चित होगी।

पाठ: यदि शरीर कमजोर है तो मन मजबूत रखकर कोई हुनर हासिल करो। दुनिया आपकी मुट्ठी में होगी। जीत आपकी होगी।

जज्बा जीत का

डॉक्टर ए.पी.जे. अब्दुल कलाम साहब ने अपने जीवन में बहुत संघर्षों का सामना किया। उन्होंने अखबार बाँटने का कार्य किया। उच्च शिक्षा ग्रहण करने के बाद वे आर्मी अफसर की परीक्षा देने गए, लेकिन वहाँ उनका चयन नहीं हुआ। जिंदगी से तंग आकर उन्होंने खुदकुशी करने की कोशिश की, लेकिन वहाँ के एक संत (गुरु) ने उन्हें रोका और समझाया कि आगे और भी रास्ते हैं। हिम्मत मत हारो और अधिक प्रयास करो। प्रयास रंग लाया। वे "मिसाइल मैन" के नाम से चर्चित हुए और पोखरण में सफल परमाणु परीक्षण किया। एक दिन वे भारत के राष्ट्रपति बने और पाँच वर्ष का कार्यकाल पूरा किया।

सचिन तेंदुलकर केवल दसवीं कक्षा तक ही पढ़े थे। उन्होंने क्रिकेट में इतिहास रचा और विश्व में भारत का डंका बजाया। वे क्रिकेट के भगवान कहलाने लगे। वे राज्यसभा सदस्य भी रहे और कई अवार्ड अपने नाम किए।

अमिताभ बच्चन पहले नौकरी हेतु कोलकाता और कई जगह गए, लेकिन असफल रहे। आकाशवाणी केंद्र भी गए, वहाँ भी असफल रहे। फिल्मों में प्रयास किया, कुछ समय तक असफलता मिली, पर प्रयास करना नहीं छोड़ा। एक दिन बॉलीवुड में सुपरस्टार बन गए। कई अवार्ड अपने नाम किए। ए.बी.सी.एल कंपनी शुरू की, जिसमें लगभग नब्बे करोड़ रुपये का नुकसान हो गया। बंगला तक बेचने की नौबत आ गई। उनके बंगले पर साहूकारों की लाइन लगी रहती। उन्होंने सबसे विनम्रता से कहा, "अभी मेरे पास रुपये नहीं हैं, पर जल्द ही आप लोगों के रुपये लौटा दूँगा।"

समय ने करवट बदली और फिर अच्छा समय आ गया। फिल्मों और विज्ञापनों में काम मिलने लगा। शीघ्र ही सभी साहूकारों की पाई-पाई चुका दी। आज उनका शो "कौन बनेगा करोड़पति" इतना पॉपुलर हो गया है कि हर घर तक पहुँच गया है।

थॉमस ऐल्वा एडीसन बचपन में पढ़ाई में कमजोर थे। कोई टीचर उन्हें पढ़ाने को तैयार नहीं था। उनकी माँ ने उन्हें घर में पढ़ाया। विज्ञान शोध में उनकी रुचि थी। नौ सौ निन्यानवे बार बल्ब का परीक्षण असफल रहा, लेकिन हिम्मत नहीं हारी। आखिरकार उन्होंने बल्ब का आविष्कार कर डाला।

पाठ: असफलता जीवन में आती है। हताश और निराश नहीं होना चाहिए। लोग आपकी आलोचना और निंदा करेंगे, लेकिन सफल होने के बाद उनकी राय बदल जाएगी। वही लोग आपको सफलता की बधाई देंगे।

चरित्रवान

स्वामी विवेकानंद जी के जीवन की कुछ महत्वपूर्ण घटनाएं जो हमें प्रेरणा देती हैं-

माँ की परीक्षा:

एक बार विवेकानंद जी विदेश यात्रा पर जाना चाहते थे। इसके पूर्व वे अपनी माँ से अनुमति लेने गए। माँ किचन में कार्य कर रही थी। उन्होंने विवेकानंद से कहा, "चाकू लाकर देना।" विवेकानंद ने अपनी माँ को चाकू दे दिया और विदेश जाने की अनुमति माँगी। माँ ने खुशी-खुशी अनुमति दे दी।

विवेकानंद जी को बड़ा ताज्जुब हुआ कि माँ ने इतनी जल्दी अनुमति दे दी, बिना कोई पूछताछ या परीक्षा लिए। उन्होंने माँ से पूछा, "माँ, आपने मेरी कोई परीक्षा या सवाल नहीं पूछा और शीघ्र मुझे अनुमति दे दी। इसका मुझे आश्चर्य हो रहा है।"

माँ ने उत्तर दिया, "बेटा, तेरी परीक्षा हो गई जब तुझसे चाकू माँगा गया। तूने चाकू देते समय नुकीला हिस्सा स्वयं अपनी ओर रखा और हत्थे वाला सिरा मुझे दिया। तू स्वयं को चोट पहुँचा सकता था, पर किसी और को नहीं। तेरी परीक्षा उसी समय हो गई।"

शिकागो का भाषण:

अमेरिका के शिकागो में विश्वस्तरीय सम्मेलन आयोजित हुआ था, जिसमें देश-विदेश के तमाम वक्ताओं को आमंत्रित किया गया। भारत से स्वामी विवेकानंद जी को आमंत्रित किया गया था। उस सम्मेलन में लाखों की भीड़ थी। कई वक्ताओं का भाषण हो चुका था। फिर स्वामी विवेकानंद जी का समय आया। उन्होंने अन्य वक्ताओं से अलग हटकर अपना भाषण दिया।

उन्होंने अपनी भाषण की शुरुआत "भाइयों और बहनों" के शब्दों से की और अपने ओजस्वी भाषण में रोचक, तथ्यात्मक और अलौकिक शब्दों का प्रयोग किया।

उन्होंने श्रोताओं को दुर्लभ जानकारी दी और सभी श्रोता उनके भाषण से प्रभावित हुए। आज भी लोग उस भाषण को याद करते हैं। उन्होंने विश्व पटल पर भारत की तस्वीर को यादगार बना दिया। लोग वर्षों तक उसे नहीं भूले और आज भी याद करते हैं।

विदेशी महिला का प्रसंग :

एक बार एक विदेशी सुंदर महिला स्वामी विवेकानंद जी के पास आई और कहा, "मैं आपके व्यक्तित्व बोलचाल से बहुत प्रभावित हूँ। मैं आपसे शादी करना चाहती हूँ। और आपके जैसा ही एक पुत्र प्राप्त करना चाहती हूँ। क्या आप सहयोग करेंगे ?"

प्रथम बार सुनकर विवेकानंद जी थोड़े विचलित हो गए, फिर अपने आपको संभालते हुए उन्होंने उस महिला से कहा, "मुझे कोई ऐतराज नहीं।"

विदेशी सुंदर महिला बहुत खुश हो गई। फिर स्वामी जी ने आगे कहा, "मुझे ही आप अपना पुत्र मान लीजिए। आपको पुत्र मिल जाएगा और हमारा चरित्र भी बरकरार रहेगा। लोगों की नजरों में हमें सम्मान मिलेगा।" विदेशी सुंदर महिला निरुत्तर हो गई।

ट्रेन की घटना :

एक बार स्वामी विवेकानंद जी ट्रेन से एक महत्वपूर्ण मीटिंग के लिए जा रहे थे। सिर पर केसरिया पगड़ी, कुर्ता और धोती पहने हुए थे, उनका व्यक्तित्व बहुत आकर्षित था। उसी ट्रेन में कुछ विदेशी लड़कियाँ भी बैठी थीं। उन लड़कियों को शरारत सूझी। उन्होंने स्वामी जी से घड़ी माँगी। स्वामी जी ने बहुत कीमती घड़ी पहन रखी थी। बार-बार वे लड़कियाँ उनसे घड़ी माँग रही थीं और कह रही थीं, "हम शोर मचाकर तुम्हें बदनाम कर देंगे कि तुम हमें छेड़ रहे थे।"

स्वामी जी ने उन लड़कियों को इशारे से समझाया, "मैं गूंगा और बहरा हूँ। आप लिखकर दीजिए कि आपको क्या चाहिए।"

एक लड़की ने तुरंत कागज पर लिखकर दिया, "आप हमें आपकी घड़ी दे दो, वरना हम शोर मचा कर तुम्हें बदनाम कर देंगे।" और वह पर्चा स्वामी जी को दे दिया।

स्वामी जी ने उन्हें शांत आवाज में कहा, "शोर मचाओ, मैं भी लोगों को तुम्हारी करतूत बताऊंगा कि तुम मेरे साथ क्या सलूक करना चाहती थीं," पर्चा दिखाते हुए।

लड़कियाँ निरुत्तर हो गईं और वह डिब्बा छोड़कर अन्य डिब्बे में जाकर बैठ गईं।

स्वामी विवेकानंद जी ने अपने भाषण, व्याख्यान माला, सेमिनार और संगोष्ठी द्वारा हिंदू धर्म का प्रचार-प्रसार किया और लोगों को अच्छे ज्ञान की जानकारी दी।

पाठः वे अपने धर्म के प्रति निष्ठावान रहे। उन्होंने आजीवन ब्रम्हचर्य का पालन किया। वे अपने भाषणों और अपने व्यक्तित्व के बल पर आज करोडों दिलों पर आसीन हैं।

भगवान बड़ा दयालु है।

अमरदास बहुत बड़े कारोबारी थे, जो लगभग पचास कंपनियों के मालिक थे और करोड़ों का व्यापार करते थे। उनके सभी कर्मचारी और प्रबंधक अपने-अपने कार्य को बखूबी अंजाम दे रहे थे, और उन्हें प्रतिमाह बहुत मुनाफा होता था। लेकिन, अमरदास का चैन खो गया था। वे रात में हमेशा बेचैन रहते थे और कई डॉक्टरों को दिखाने के बावजूद भी उन्हें कोई आराम नहीं था।

सेठजी ने जीवन में कभी कोई दान-पुण्य नहीं किया था। वे मानते थे कि कर्म ही पूजा है और वे सच्चाई और ईमानदारी से अपना कार्य करते थे। उन्होंने कभी किसी का दिल नहीं दुखाया था, और सेठ होने के बावजूद कभी भी किसी पर रौब या ऊँची आवाज में बात नहीं की थी।

एक रात, जब उन्हें फिर बेचैनी हो रही थी और रात के लगभग 3:50 बज रहे थे। तब अमरदास ने सोचा कि सुबह होने वाली है, और वे अपने कमरे से निकलकर मॉर्निंग वॉक के लिए चल पड़े। चलते-चलते काफी समय हो गया और वे एक स्थान पर बैठ गए। पास ही एक झोपड़ी थी, और वे आराम से बैठे प्रभु को याद कर रहे थे।

तभी उन्हें झोपड़ी से रोने की आवाज सुनाई दी। उन्होंने झोपड़ी की ओर रुख किया और यह जानना चाहा कि आखिर इतनी रात को कौन रो रहा है। झोपड़ी के दरवाजे को धक्का देकर उन्होंने अंदर प्रवेश किया। वहाँ एक बासठ वर्षीय वृद्ध अपने आठ वर्षीय बच्चे के सिर पर हाथ फेरते हुए रो रहा था। अमरदास ने वृद्ध से पूछा कि क्या बात है, तुम क्यों रो रहे हो।

वृद्ध ने कहा कि उसका आठ वर्षीय पुत्र बहुत बीमार है और उसके पास इलाज के लिए रुपये नहीं हैं। वह उसका इकलौता पुत्र है।

सेठजी ने कहा कि रोने से कोई काम नहीं होगा। उन्होंने तुरंत एम्बुलेंस के लिए फोन किया और शीघ्र अस्पताल में भर्ती कराया। चेकअप के दौरान डॉक्टर ने कहा, "ऑपरेशन होगा, जिसमें बीस हजार रुपये लगेंगे।"

सेठजी ने तुरंत बीस हजार रुपये जमा कर दिए। वृद्ध को तसल्ली देकर वे अपने घर लौट आए। दोपहर में कंपनी में फोन कर सेठ ने कह दिया कि आज मैं कंपनी नहीं आऊँगा। आप अपना काम देखना। सेठजी पुन: अस्पताल गए। बच्चे से मिले, बच्चा ठीक था। उन्होंने फल, खाने की कुछ सामग्री और कुछ रुपये वृद्ध व्यक्ति को दिए। वृद्ध व्यक्ति की आँखों से आँसू आने लगे।

उसने सेठजी के चरण पकड़ लिए और कहने लगा, "आप मेरे लिए भगवान हो, मसीहा हो। मैंने भगवान से प्रार्थना की और भगवान ने तुम्हें उनके भेष में भेज दिया। आपने मेरे पुत्र को और मुझे नया जीवन दान दिया। हम आपके बहुत आभारी हैं।"

सेठजी ने वृद्ध व्यक्ति को गले लगाया, सांत्वना दी और कहा कि अपना और पुत्र का ख्याल रखना। भगवान सबका भला करते हैं। उस दिन से सेठजी को भी कोई परेशानी या तकलीफ नहीं हुई।

पाठ: सच्ची खुशी और शांति पाने के लिए दान और दूसरों की मदद करना अत्यंत महत्वपूर्ण है। अमरदास की बेचैनी ने दिखाया कि सच्ची संतुष्टि तब मिलती है जब हम दूसरों के लिए कुछ अच्छा करते हैं।

*****